高职学生心理素质教育

The Psychological Quality Education of Higher Vocational Students

主　编　汪艳丽　刘学惠　张小菊

副主编　张德兰　李凤英　王　昕　黄大庆

经济管理出版社
ECONOMY & MANAGEMENT PUBLISHING HOUSE

图书在版编目（CIP）数据

高职学生心理素质教育/汪艳丽等主编. —北京：经济管理出版社，2014.7
ISBN 978-7-5096-3247-5

Ⅰ.①高… Ⅱ.①汪… Ⅲ.①大学生—心理健康—健康教育—高等职业教育—教材
Ⅳ.①B844.2

中国版本图书馆 CIP 数据核字（2014）第 166507 号

组稿编辑：王光艳
责任编辑：许 兵 张 荣
责任印制：黄章平
责任校对：车立佳

出版发行：经济管理出版社
　　　　　（北京市海淀区北蜂窝 8 号中雅大厦 A 座 11 层　　100038）
网　　　址：www.E-mp.com.cn
电　　　话：(010) 51915602
印　　　刷：北京广益印刷厂
经　　　销：新华书店
开　　　本：720mm×1000mm/16
印　　　张：13.5
字　　　数：350 千字
版　　　次：2015 年 8 月第 1 版　　2015 年 8 月第 1 次印刷
书　　　号：ISBN 978-7-5096-3247-5
定　　　价：38.00 元

《高职学生心理素质教育》编委会

前　言

美国教育家戴尔·卡耐基（Dale Carnegie）调查了许多行业名人之后认为，一个人事业上的成功，只有15%是来自于他们的学识和专业技术，而85%则是靠良好的心理素质和善于处理人际关系的能力。国内外专家在讨论21世纪人才应该具备的素质时，提出的素质要求大部分都属于心理素质范畴，比如进取意识、自主精神、社会适应能力、高度的责任感、自信心、善于学习、合作精神、多样化的个性特长和专长等。

然而，在更多成人头脑中为下一代设定的理想道路是读书—上大学—找工作—成为成功者—实现人上人的目的。正是这样一种具有普遍性的观念，把儿童青少年推向了考试的战场，只要成绩好，家长可以包办一切，老师、同学就会倍加宠爱。学习的目的就变得单一了，读小学是为了进理想的中学，读中学的目标是考进大学，学生的成长变得主要是读书，于是父母承担了本该由孩子来完成、体验、训练的许多事务；教师只管传授书本上的知识。直到一系列的大学生因心理问题退学，甚至自杀，犯罪事件频频发生，学生的心理健康问题凸显出来后，才发现我们的学校乃至我们的教育并没有让我们的学生健康成长。在追求高分、高升学率的同时，忽略了学生的精神需求，忽视了人文关怀的培养，让学生在冷漠中度过"心理断奶"。

因此，一个健康的心理才是幸福的人生基础，在学校的教育中，对学生的心理教育应该居于整个教育的基础地位。学校对学生的心理健康教育不仅仅是学校思想教育工作的需要，也是素质教育和学校精神文明建设的需要，更是我们时代发展的需要。

随着高校心理素质教育理论和实践的不断深入，越来越多的理论者和实践者认识到开设心理素质教育课，对培养大学生良好的心理素质和实施心理素质教育的重要意义。这是因为21世纪是全球一体化和文化融合的世纪，"世纪村"已经不再是一个概念，一场剧烈的变化正向人类现存的一切袭来。在一代人之间破坏和创造的东西比过去几个世纪还要多。一切都必须要不停地变化，以至于变化成了生活本身，田园牧歌式的大学教育将一去不复返，大学生们在大学里获取终身学习的手段、对环境的适应能力、情绪管理的能力、恋爱能力、尊重生命的理念等远比知识的获取更为重要。

本书的编写尽可能汲取高职学生心理素质教育的理论和实践研究的先进成果。在体系结构上，分为十章，每章两节课，第一节课重在提升学生的认知水平，第二节课重在与学生讨论方法与策略。在具体写作上，除了介绍心理素质教育的基本原理外，并对当代大学生的心理素质进行主题性的训练，更注重将多年心理素质教育的实践融入教材。

本书的编写分工：前言由汪艳丽执笔；第一章由汪艳丽、刘学惠执笔；第二章由卢丹蕾、宋广荣、张菊玲执笔；第三章由王昕、李鹤执笔；第四章由张德兰、张小菊执笔；第五章由张德兰、李凤英执笔；第六章由孙慧君、秦明执笔；第七章由林敏、黄大庆执笔；第八章由李凤英、张德兰执笔；第九章由李凤英、刘学惠执笔；第十章由汪艳丽、晏宁、李斌执笔。张德兰、李凤英承担了本书的编辑工作；汪艳丽、刘学惠、张小菊承担了本书的总体设计工作，并编纂定稿。本书在编写过程中，参考和引用了国内外一些文献著作，在此向原作者一并表示由衷地感谢。由于水平和时间有限，书中纰漏之处恐难避免，敬请专家、同行和广大读者予以批评指正。

编　者

2014 年 6 月

目　录

第一章 导 论

学习与行为目标

了解什么是心理健康及心理健康的意义

了解当代高职大学生存在的心理问题

掌握心理素质教育的目标、心理训练的方法

掌握大学生提高心理素质的途径

"奶酪哲学"：如果一个人不主动加以改变，就不能适应多变的社会，最终就会被淘汰。变，则意味着生机的产生，变化的丰富性，则意味着生机的多样性。

——E 时代的宣言

所谓"快乐"的人，并不是那些不会遭遇挫折、厄运的人，或者是那些永远忽略负面问题的极度乐观者。所谓"快乐的人"，是指那些了解自己，并懂得调适自己的人。

大学是一片蕴藏无限潜力与无穷魅力的海洋。人生的路很长，但关键时候只有几步。

如果你相信，每天晨练、散步有益于你的身体健康，那么我们断定，你也一定会同意下面的说法：每天有意识地在生活中学习、运用心理知识，进行心理素质训练将使你"幸福、快乐"。那么，什么是心理素质？为什么要训练心理素质？怎样才能提高心理素质？这是本书开篇要回答的问题。

第一节 健康从"心"开始

心理健康是大学生快乐学习、健康成长的前提和基础。然而随着生活水平的提高，物质享受极大丰富，现代生活节奏不断加快，我们身边有越来越多的人却不健康了，把自己陷在不良心理的泥潭中不能自拔。他们在追求成功的路上，因为不能很好地处理各种事情之间的关系，辛苦地挣扎着、徘徊着。其实，在生活中我们每个人都有压力、有负担，追求成功也必然要付出代价，然而生命的璀璨绽放不能以单一的在物质上是否成功来衡量。有了钱，你可以买到房子，但不可以买到一个家；有了钱，你可以买到医疗服务，但不可以买到健康；有了钱，你可以买到地位，但不可以买到尊重；有了钱，你可以买到血液，但不可以买到生命。在我们的生命中，还有比金钱更重要、更能够让我们获得幸福与快乐的东西，那就是爱、爱心、积极健康的生活态度、责任、奉献……

为了追求幸福的生活，完成人生的奋斗目标，在学习、工作中寻找乐趣，让我们一切从"心"开始，从健康的心理开始。

一、健康的内涵

健康对于每个人来说都很重要。而真正的健康是一种身体上、心理上和社会适应上的完好状态，而不仅仅是没有疾病和虚弱的现象。

因此，1948 年世界卫生组织（WHO）在其宣言中对健康做了如下定义："健康不仅仅是躯体无疾病，还要有完整的生理、心理状态和社会适应能力。"并在1978 年初级卫生保健大会所代表的阿拉木图宣言中加以重申。世界卫生组织还提出了以下健康的标志：

（1）有充沛的精力，能从容不迫地应对日常生活和工作而不感到有精神压力。

（2）处事乐观，态度积极，勇于承担责任。

（3）善于休息，睡眠良好。

（4）应变能力强，能适应外界的各种变化。

（5）能抵抗普通感冒和传染病。

（6）体重合适，身体匀称而挺拔。

（7）眼睛明亮，反应敏锐。

（8）头发具有光泽而少头屑。

（9）牙齿清洁无龋，牙龈无出血而颜色正常。

（10）肌肤富有弹性。

二、心理健康决定人的生存生活质量

凡事总有度，虽说心理异常现象不足为奇，但是心理异常过度、过频，再不注意调整，就可能会走向极端。随着物质生活条件的不断改善，人们日益认识到心理问题远比生理疾病对自身生存的威胁要大，心理问题对人的生存生活质量具有重要意义。心理专家认为：一个人的心理状态常常直接影响他的人生观、价值观，直接影响到他的某个具体行为。因而，从某种意义上来说，心理卫生比生理卫生显得更为重要。

 知 识 链 接

美国生理学家艾尔马做了一个实验，将人在不同情绪状态下呼出的气体收集在玻璃试管中，冷却后变成水发现：人在生气时，会分泌出有毒性的物质，一个人生气十分钟所耗费的精力，不亚于参加一次 3000 米的赛跑。因此，生气的心理反应是十分强烈的，它的分泌物比任何情绪都复杂、都更具有毒性。

资料来源：http://news.ifeng.com/gnndang/detml-2012-08/08/16644537-0.shtml.

三、大学生心理问题的特殊性

从总体水平来看，在校大学生心理素质状况令人担忧。究其根源，与大学生群体的特殊性及大学生活的特殊性密切相关。

1. 大学生群体的特殊性

（1）高智商群体。许多研究显示，大学生的平均智商约在 110 分，高出一般人群智商（IQ）10 分左右。大学生一向被认为是聪明的，而具备一定的智商水平也是心理健康的基本保证；但有时也可能因此更易产生心理问题。因为人们的快乐度与智商呈弱的负相关。这里虽然有多方面的原因，但其中一条可能是高智商者更难为人们所理解，更容易体会到"高处不胜寒"的悲凉。

（2）高自我价值感群体。大学生的抱负水平高，更看重自己，自我评价一般高于同龄其他群体。这种积极的自我观念对心理健康有促进作用，但如果自我评价不切实际、过高，一味追求难以达到的目标，则更容易受挫而导致心理疾病的发生。加上大学生的人生经历及社会实践经验都还欠缺，挫折容忍力也低，遭遇困境时很容易影响心理健康。

（3）同龄同教育群体。我国当代大学生的年龄在 17~24 岁，处于青年中期，正在接受高等教育。在心理特征上有共同性，在影响心理健康的因素上也有共同性。这是一个具有较高的文化素养的群体。他们可能更加重视心理健康问题，更加强调自身修养。但大学生的个性千差万别，在遗传素质、行为习惯、文化素养、兴趣爱好、抱负追求等方面都各不相同，因而所遇到的心理健康问题也有很大差异。

（4）高压力群体。大学生承受着来自各方面的生活压力。首先，他们是同龄人中的佼佼者，人们对他们寄予了更大的期望，这些期望有来自国家和社会的、有来自学校和家庭的，既可以化作动力，也可能造成压力。其次，当今社会的快速变迁，特别是在择业与就业方面的一系列变化，使他们面临多种选择，也带来更多的心理压力。最后，在大学生群体中，相互间的竞争也随时随地、有形无形地展开着，这也给他们带来沉重的精神压力。面对上述种种压力，如果不能正确地看待和恰当地应对，就可能对心理健康造成损害。

2. 大学生活的特殊性

（1）围墙效应。大学校园，曾被看作是"世外桃源"，一道围墙把大学与现实社会分隔开来，学生们在校园里安心地读书，选择的单一性暂时抑制了躁动的心灵。随着高校体制改革，大学扩招节奏加快，精英教育已向大众化教育迈出了实质性的一步，大学校园的围墙在市场经济的冲击下，大多变成了一个个门面，学生公寓从校园延伸至社会，网络普及、通讯发达、变幻不定、光怪陆离的现实景象，使学子们的心理变得躁动不安。由于大学在推倒围墙、面向社会教育的同时，一系列的各种教育措施，包括心理素质教育与干预措施并未及时跟上，使得大学生的心理健康突如其来地面临着更多的考验。

（2）延缓偿付期。延缓偿付期是新精神分析学家艾里克逊（E. H. Erikson，1902~1994）提出的用以说明青年暂时延迟确定自我身份的一个特殊阶段的学说。大学时代是从心理上、社会上不尽义务的时期，这个时期"靠父母养活"，经济上得到帮助，不直接接触生产活动和社会活动，一心一意学习。加上年轻的大学生自我意识发展尚未成熟，对自己的兴趣、爱好和才能并不完全了解，他们不能过早地确定自己的身份，以及确定自己应是一个什么样的人。这些都表明大学生正处于艾里克逊所说的延缓偿付期内，这也是为什么不少大学生经常为自己的前途感到困惑和苦恼的原因。

3. 大学生心理问题的主要表现

综合来看，大学生主要面临三大问题：一是适应性问题，即面对改革开放后物质文化的丰富和精神文化的多元，大学生能否适应这个多变的世界；二是发展性问题，即大学生在基本适应社会的基础上，追求自身潜能和人格的充分发挥和完善，但朝着什么方向发展，如何谋求最佳发展，这是每个大学生都必须面临的问题；三是障碍性问题，在适应过程中，个体原有的知识、个性、能力等受到了极大的挑战，若适应不良，则会出现各种心理障碍问题。

从现实情况来看，大学生的心理问题具有阶段性，主要表现为成长发展中的困惑与矛盾，如大一阶段的环境适应问题、自我认知失调问题；大二阶段的学习焦虑问题、人际关系问题；大三阶段的情感问题、恋爱问题；大四阶段的择业恐惧、准备不足问题等。

总之，一方面应该看到大学生心理素质教育工作的艰巨性；另一方面也应该对当代的大学生充满信心，激情、阳光和积极进取仍是当代大学生的主流心态。只要引导及时、方法得当，大学生们一定会健康、快乐地成长。

第二节　心理素质教育面面观

心理素质包括情感、信心、意志力和韧性等。心理素质是以生理素质为基础，在实践活动中通过主体与客体的相互作用，而逐步发展和形成的心理潜能、能量、特点、品质与行为的总和。心理素质教育也称心理健康教育或心理教育，简称心育。心理素质教育是教育者从受教育者的心理需要出发，运用心理科学的理论与方法，对其心理各层面施加积极的影响，以优化其心理素质，维护心理健康，促进社会适应的教育实践。心理素质教育的目标是培育良好的性格品质、开发智力潜能、增强心理适应能力、激发内在动力、维护心理健康、养成良好行为习惯。本节将简要介绍心理素质教育的目标、教学模式与方法、主要心理学流派等相关知识。

一、心理素质与心理健康的辨析

心理素质是人在认知、情感、意志、需要、兴趣诸种品质上的特征。对这一概念的理解可从以下三个方面展开：

第一，心理素质所包含的心理内容，主要是心理结构中的非智力因素而不是智力因素。当我们讲某人的心理素质较差时，并不是指此人的智商不高或能力不强，而是指此人在理性认知、情绪调控和人际交往方面存在这样或那样的问题。

第二，心理素质不是指具体的心理内容，其内涵十分丰富。在我们定义或使用心理素质这一概念时，是从其功能角度而不是从其内容角度来理解的。因此，我们对心理素质的分析与理解，也很难用某一特定的个性心理特征加以解释，而必须用其整体力量进行解释，用多因素进行解释。也正是从心理功能角度进行界定，心理素质才有强弱、好差之分。

第三，心理素质的强弱和好差可以从"抗压能力"（挫折耐受力）和"抗拉能力"（抗心理冲突能力和选择能力）两个方面进行理解。心理卫生学告诉我们，挫折和冲突是造成心理紧张和心理障碍的两个主要原因。一个心理素质好的人，就是一个能够忍受挫折、超越挫折和具有明智选择能力的人。

心理健康作为一种现代观念是从属于"健康"范畴的一个重要因素。从狭义上讲，心理健康指不具有某种心理疾病或病态心理。而广义的心理健康，则是一个人具有良好的心理品质，即健康人格。美国心理学家悉尼（Sydney Gerald）在《健康人格》一书中对健康人格有过这样的定义："健康人格是人行动的方式，这种方式由理智所导引并尊重生活，因此人的需要得以满足，而且人的意识、才智以及热爱自我、自然环境和他人的能力都将得以发展。"我国心理学界一般认为，心理健康是以有效的心理活动，正常平稳的心理状态，对当前和发展着的社会、自然环境及自我环境具有良好适应能力的心理状态。

由此可见，心理素质和心理健康并不是一回事。心理素质的高低表明了个体人格的强度和力量，而心理健康程度则是指人的心理卫生水平的高低，两者存在着非常密切的关系，但却并不是一回事。一般地讲，一个人的心理素质越高，他的心理就越健康，但一个人具有健康的心理却并不一定具有较高的心理素质。这是因为，一个人的心理健康水平和他的需要程度与生活经历有关，试想，一个心想事成的人会有心理问题吗？另外，一帆风顺的生活经历往往能使个体保持比较健康的心理，而充满坎坷和挫折的生活经历则往往在人的内心深处留下难以愈合的伤痕。然而，心理素质却往往完全相反。心理素质不是与心理需要的满足程度有关，相反，心理素质的高低在于能够承受需要得不到满足的程度。所谓挫折耐受力，就是经受得起逆境的考验和失败的打击。坎坷的经历有时反而会促进心理素质的提高。孟子曰："天将降大任于斯人也，必先苦其心志，劳其筋骨，饿其体肤，空乏其身，行拂乱其所为，所以动心忍性，增益其所不能。"

当然，心理素质与心理健康的区别是非本质的。两者在许多方面交叉、重叠、互有渗透，很难截然分开。心理健康是良好心理素质的基础。

二、大学生心理素质教育的目标

心理素质教育的基本目标在于培养大学生健全的心理素质，包含两个层次的目标：一是促进大学生积极适应，维护心理健康，这是心理素质教育的初级目标。积极适应即大学生能够合理应对学习、生活、交往和身体发育中的种种变化，能够表现出与学习、生活、交往活动的变化和身体发育相一致的心理行为。二是促进大学生主动发展，形成健全的心理素质，这是心理素质教育的高级目标。

高校学生心理素质教育课程是集知识传授、心理体验与行为训练为一体的公共课程。课程旨在使学生明确心理健康的标准及意义，增强自我心理保健意识和心理危机预防意识，掌握并应用心理健康知识，培养自我认知能力、人际沟通能力、自我调节能力，切实提高心理素质，促进学生全面发展。

通过课程教学，使大学生在知识、技能和自我认知三个层面达到以下目标。知识层面：通过本课程的教学，使大学生了解心理学的有关理论和基本概念，明确心理健康的标准及意义，了解大学阶段人的心理发展特征及异常表现，掌握自我调适的基本知识。技能层面：通过本课程的教学，使大学生掌握自我探索技能，心理调适技能及心理发展技能。如学习发展技能、环境适应技能、压力管理技能、沟通技能、问题解决技能、自我管理技能、人际交往技能等。自我认知层面：通过本课程的教学，使大学生树立心理健康发展的自主意识，了解自身的心理特点和性格特征，能够对自己的身体条件、心理状况、行为能力等进行客观评价，正确认识自己、接纳自己，在遇到心理问题时能够进行自我调适或寻求帮助，积极探索适合自己并适应社会的生活状态。

三、在大学生心理素质教育中应了解的主要心理学流派与理论

1879 年心理学成为独立学科以来，整个心理学界出现了过去从未有过的热烈的学术研讨的繁荣局面。在冯特的内容心理学以后，又相继出现了或反对或继承冯特的理论；或另辟蹊径、独树一帜的学说。各种各样、大大小小的心理学派上百个。这些学派分布广泛，遍布世界各地。主要的心理学派有构造主义心理学派、机能主义心理学派、行为主义心理学派、格式塔心理学派、精神分析心理学派、人本主义心理学派、认知心理学派等。为了让大学生对心理学的发展有初步的了解，以加强心理学知识的普及，下面就介绍几个心理学流派和理论。

1. 构造主义心理学派

（1）代表人物。冯特（Wilhelm Wundt，1832~1920）、铁钦纳（E. B. Titchener，1867~1927）。

（2）主张。构造主义心理学派认为心理学的任务在于分析意识的内容，查明意识的组成元素和构造原理。构造主义事实上是由冯特的学生铁钦纳在 20 世纪 20 年代创立的，他深入发展了冯特的实验内省法，发现心理元素有三种，即感觉、表象和感情状态。

（3）评价。它引导人们从基本构成角度研究意识，推动了认知心理学和实验心理学的发展。但是研究者只研究意识的构造元素，不问意识的来源、意义和作用，撇掉心理的神经基础和行为模式，一味强调经验说（实验内省法），也就致使这门学派走上一条狭窄而极端的道路，最后瓦解。

2. 机能主义心理学派

（1）代表人物。詹姆斯（William James，1842~1910）、杜威（John Deway，

1859~1962)。

（2）主张。机能主义心理学派同构造主义相对抗，认为心理学的目的不在于把心理分解为一些元素，而是要研究心理适应环境的机能作用。机能主义由詹姆斯创立于19世纪末，他认为意识是连续的，强调意识的实用性。后来几位心理学家对他的理论进行拓展。机能主义在20世纪20年代成为美国心理学的主导势力。

（3）评价。它强调研究意识的功能性，强调意识与社会环境之间的关系，正是研究构造主义丢掉的那部分内容，因此它也具有片面性。机能主义的研究范围较之构造主义要广，两个学派一直是对立的，但因为各偏一方并且日益极端化，都走向消亡。现在已然不存在机能主义学派，但是它的研究理论已经融入心理学的发展中。

3. 行为主义心理学派

（1）代表人物。华生（John Broadus Watson，1878~1958）。

（2）主张。行为主义的主要观点是认为心理学不应该研究意识，只应该研究行为，把行为与意识完全对立起来。在研究方法上，行为主义主张采用客观的实验方法，而不使用内省法。行为主义学派认为，对行为的研究包括刺激和反应两个方面。刺激是指外界环境和身体内部的变化，如光、声音、饥、渴等。反应是指有机体所做的任何外部动作（外部反应）和腺体分泌（内部反应）。反应有先天反应和习得反应两种。复杂反应和动作技能是通过建立条件反射学会的。

1913~1930年是早期行为主义时期，由美国心理学家华生在巴甫洛夫（Pavlov）条件反射学说的基础上创立的，他主张心理学应该摒弃意识、意象等太多主观的东西，只研究所观察到的并能客观地加以测量的刺激和反应。无须理会其中的中间环节，华生称之为"黑箱作业"。他认为人类的行为都是后天习得的，环境决定了一个人的行为模式，无论是正常的行为还是病态的行为都是经过学习而获得的，也可以通过学习而更改、增加或消除，认为查明了环境刺激与行为反应之间的规律性关系，就能根据刺激预知反应，或根据反应推断刺激，达到预测并控制动物和人的行为的目的。他认为，行为就是有机体用以适应环境刺激的各种躯体反应的组合，有的表现在外表，有的隐藏在内部，在他眼里人和动物没什么差异，都遵循同样的规律。

1930年起出现了新行为主义理论，以托尔曼（Edward C. Tolman）为代表的新行为主义者修正了华生的极端观点。他们指出在个体所受刺激与行为反应之间存在着中间变量，这个中间变量是指个体当时的生理和心理状态，它们是行为的实际决定因子，它们包括需求变量和认知变量。需求变量本质上就是动机，它们包括性、饥饿以及面临危险时对安全的要求。认知变量就是能力，它们包括对象知觉、运动技能等。

在新行为主义中另有一种激进的行为主义分支，它以斯金纳（Burrhus Frederic Skinner）为代表，斯金纳在巴甫洛夫经典条件反射基础上提出了操作性条件反射，他自制了一个"斯金纳箱"，在箱内装一特殊装置，压一次杠杆就会出现食物，他将一只饿鼠放入箱内，它会在里面乱跑乱碰，自由探索，偶然一次压杠杆就得到了食物，此后老鼠压杠杆的频率越来越多，即学会了通过压杠杆来得到食物的方法，斯金纳将其命名为操作性条件反射或工具性条件作用，食物即是强化物，运用强化物来增加某种反应（即行为）频率的过程叫作强化。斯金纳认为强化训练是解释机体学习过程的主要机制。

（3）评价。它引导人们从意识的研究中转移到研究人的行为，是打开了心理学研究中一扇被蒙蔽的窗户。促进了心理学的客观研究，扩展了心理学的研究领域。对行为的突出强调，不仅促进了心理学的应用，而且使人们看到新的希望。

但华生过于强调行为而忽视意识，过于强调外部观察而忽视内省，这依然是片面的。行为主义在20世纪20~40年代盛行于美国心理学界，产生深远的影响，至今仍是支撑人格心理学的一个主要流派。

4. 格式塔心理学派

（1）代表人物。韦特海默（Max Wertheimer，1880~1943）、考夫卡（Kurt Koffka，1886~1941）、苛勒（Wolfgang Kohler，1887~1967）。

（2）主张。格式塔心理学派强调整体的观点，重视各部分之间的综合。它强调经验和行为的整体性，反对美国构造主义心理学的元素主义，也反对行为主义的"刺激—反应"公式，认为整体不等于部分之和，意识经验不等于感觉和感情等元素的集合，行为也不等于反射弧的集合。

格式塔心理学派是20世纪初期在德国兴起的心理学派，也称完形心理学派。其创始人韦特海默、考夫卡和苛勒自1910年起密切合作，成为格式塔学派的核心。

1912年，韦特海默发表了一篇题为《似动的实验研究》的论文，标志着格式塔心理学的开始。在格式塔学派创始以前，构造主义心理学派主张对意识经验进行分析，将经验分解为单元或元素。经验元素的相加构成复杂的经验。格式塔学派则主张，人的每一种经验都是一个整体，不能简单地用其组成部分来说明。似动现象是一个整体经验，单个刺激的相加并不能说明似动现象的发生。

苛勒的直接经验，用"经验"为意识的同义词。苛勒用心理学和物理学相比较，认为物理学家研究物理现象，心理学家研究心理现象，都离不开直接经验。研究行为要以客观经验和主观经验互相印证。

考夫卡的行为环境认为心理学的对象除行为外，还有所谓的心理物理场。含有自我和环境的两极性，而这两极的每一部分都各有它自己的结构。考夫卡又把环境分为地理环境和行为环境，地理环境就是现实的环境，行为环境是意想中的环境。他认为行为产生于行为环境，受行为环境的影响。

格式塔学派认为整体大于部分之和。德语中 Gestalt（格式塔）的意思是整体或完整的图形。格式塔学派认为知觉经验服从于某些图形组织的规律。这些规律也叫作格式塔原则，主要有图形和背景原则、接近性原则、相似性原则、连续性原则、完美图形原则等。客观刺激容易按以上的规律被知觉成有意义的图。在格式塔学派建立后的数 10 年里，其理论被应用到学习、问题解决、思维等其他领域。格式塔学派认为，条件化的重复性学习是最低级的学习方法，学习是对关系的掌握。在苛勒看来，关系的掌握即是理解过程。一旦学习者知觉到特定情境中各要素间的相互关系，产生出新的经验，就会出现创造性的结果。这种突然贯通的解决问题的过程被称为顿悟（Insight）。

（3）评价。格式塔心理学派强调整体并不等于部分的总和，整体乃是先于部分而存在并制约着部分的性质和意义。这一观点在一定范围内来说是符合客观事实的。格式塔心理学家们从这一观点出发，坚决反对对任何心理现象进行元素分析，这对于揭发心理学内的机械主义和元素主义观点的错误具有一定的作用。同时，他们在知觉领域里进行了大量的实验研究工作，并取得了很多具有科学价值的成果。目前在一般心理学教科书内所讲述的一些有关知觉的规律知识，例如似动现象的发生、知觉过程中图形和背景的关系的意义等，基本上都是来源于格式塔学派的研究成果。此外，苛勒的"顿悟"和韦特海默的"创造性思维"对学习的研究，也有某种程度的影响。格式塔心理学派作为一个独立的学派，是人们对意识经验发生兴趣，至少把意识经验看作心理学的一个合法的研究领域，并继续促使人们对意识经验的研究和兴趣是有意义的。同时格式塔学派对同时期的学派中肯而坚定的批评，对心理学的发展也具有重要影响。

但是，格式塔学派把直接经验世界，看作是唯一确实而又可知的世界。把全部心理学问题，完全简化为数理的问题，这其实已经违背了系统观。

5. 精神分析心理学派

（1）代表人物。该学派的主要代表人物是弗洛伊德（S. Freud，1856~1939）、荣格（Carl G. Jung，1875~1961）等。

（2）主张。精神分析学说又称弗洛伊德主义，产生于 19 世纪末 20 世纪初，创始人是奥地利的精神病学家弗洛伊德。在心理学界，这个理论是指精神分析和无意识心理学体系，也称为精神病学和深蕴心理学。分为古典弗洛伊德主义和新的弗洛伊德主义。

什么是精神分析，按照弗洛伊德自己的说法，精神分析是他"研究和治疗"

癔症（神经病）的方法。弗洛伊德心理学包含两个不可分割的内容：第一部分是精神病的治疗方法及其理论；第二部分是关于人的心理过程的理解。弗洛伊德认为，人的心理领域是一个深不可测的巨大的世界，它最深层有着神奇的不能被人意识到的东西，这是一个充满魅力的领域。

弗洛伊德的主要观点：①无意识学说，弗洛伊德把自己的心理学称之为深层心理学，他构筑的心理过程包括三个层次：第一层次是潜意识系统，它是人的动力冲动、本能等一切冲突的根源，是人的生物本能、欲望的储藏库，不受客观现实的调节，构成人们心理的深层基础——人格结构中的本我；第二层次是前意识系统（下意识），是意识系统和潜意识系统之间的一个边缘部分，它在人的心理活动中执行着"检查者"的作用，其目的是保证适合本能，又要服从现实的原则。它就是人格结构中的自我；第二层次是意识系统，是人的心理最外层次部分，是人的心理因素构成的"家庭"中的"家长"，它统治着整个精神家庭，使之协调。它是人格结构中的超我。②释梦理论，弗洛伊德按照精神分析的观点把梦的内容所表示的意义分为两个层次：一个是表层意义，是梦的"显意"，指梦者可以回忆起来的梦的情境及其意义；另一个是深层意义，是梦的"隐义"，指梦者通过联想可以知道隐藏在显意背后的意义。

本我——由一切与生俱来的本能冲动组成，它的特征：无意识的、无理性的，要求无条件得到满足，只遵循快乐原则；是一切本能冲动后面的性力的储藏库；它收容了一切被压抑的东西，并保有遗传下来的种族的性质——婴儿的结构完全属于本我。

自我——从本我中分化出来的，一部分有意识，另一部分无意识，主要是有意识的；合乎逻辑，受现实原则支配，对自我有检查权，防止被压抑的东西扰乱意识；还要在超我的指导下，按照外部显示的条件，去驾驭本我的要求——侍奉三个主人：超我、本我和现实。

超我——从自我中分化出来，大部分是无意识的。它是父母权威的内化，执行父母早年的职责（至善原则）；可分为自我理想和良心。自我理想是确定道德行为的标准，而良心则是对违反道德标准的行为进行惩罚，主要作用是监督和控制自我。

本我、自我、超我之间不是静止的，而是不断交互作用的，自我在超我的监督下，按照现实可能的情况，只允许来自本我的冲动有有限的表现。一个健康的人格中，这3种结构的作用是均衡的、协调的。本我是求生存的必要的原动力；超我在监督控制主体按照社会道德标准行事；自我对上按照超我的要求去做，对下吸取本我的动力，调整其冲动欲望，对外适应现实环境，对内调节心理平衡，属于人格动力学，一旦关系不能平衡，就产生了心理失常。

弗洛伊德有多位有名的弟子、年轻的同事，其中荣格发展出以原型理论（Theory of Archetype）为基础的分析心理学理论，而最终和弗洛伊德决裂，成为"荣格心理学"。荣格的心理学受到东方神秘主义思想的影响，发展出集体潜意识理论。

（3）评价。它开启研究无意识领域的大门，科学地对待具有心理障碍的病人，对于病理心理学也是一种推动，它对于艺术文化领域也有深远的影响。但是弗洛伊德过于强调无意识的作用，认为性本能是行为动机的根源，显然陷入极端。并且在他对于精神疾病的理疗中，成效甚微，说明他的理论过于极端，并不符合客观实际。

6. 人本主义心理学派

（1）代表人物。由美国心理学家马斯洛创立，现在的代表人物有马斯洛（Abraham Harold Maslow，1908~1970）、罗杰斯（Carl Rogers，1902~1987）。

（2）主张。人本主义于20世纪50~60年代在美国兴起，70~80年代迅速发展，它既反对行为主义把人等同于动物，只研究人的行为，不理解人的内在本性，又批评弗洛伊德只研究神经症和精神病人，不考察正常人心理，因而被称之为心理学的第三种运动。

人本主义心理学是心理学界近30年来崛起的第三势力，它有整体化的时代发展趋势，它抗衡于第一势力精神分析学派与第二势力行为主义心理学，是人类认识自己的一个新的里程碑。

人本学派强调人的尊严、价值、创造力和自我实现，把人的本性的自我实现归结为潜能的发挥，而潜能是一种类似本能的性质。人本主义最大的贡献是看到了人的心理与人的本质的一致性，主张心理学必须从人的本性出发研究人的心理。

该学派的主要代表人物是马斯洛和罗杰斯。马斯洛主要对人类的基本需要进行了研究和分类，将之与动物的本能加以区别，提出人的需要是分层次发展的；他按照追求目标和满足对象的不同把人的各种需要从低到高安排在一个层次序列的系统中，最低级的需要是生理的需要，这是人所感到要优先满足的需要。罗杰斯主要在心理治疗实践和心理学理论研究中发展出人格的"自我理论"，并倡导了"患者中心疗法"的心理治疗方法。人类有一种天生的"自我实现"的动机，即一个人发展、扩充和成熟的趋力，它是一个人最大限度地实现自身各种潜能的趋向。

1）马斯洛的自我实现论。人本主义心理学最著名的理论是马斯洛的需要层次说，这个需要层次金字塔的顶端是自我实现，尤其是实现人的创造价值，这是最高需要层次的目的归宿之一。

马斯洛的需要分为5个层次，可概括为基本需要和发展需要2个大部分。基本需要（因缺乏而产生的需要）有生理需要（空气、水、食物、住所、睡眠、性生活）、安全与保障、爱与归属，发展需要（存在的价值）分为自我和他人的尊重、自我实现（真善美、活跃、个人风格、完善、必要、完成、正义、秩序、单纯、丰富、乐观诙谐、轻松、自我满足和有意义的创造）。

马斯洛认为人类行为的心理驱力不是性本能，而是人的需要，他将其分为2大类共7个层次，好像一座金字塔，由下而上依次是生理需要、安全需要、归属与爱的需要、尊重的需要、认识需要、审美需要、自我实现需要。人在满足高一层次的需要之前，至少必须先部分满足低一层次的需要。第一类需要属于缺失需要，可起到匮乏性动机，为人与动物所共有，一旦得到满足，紧张消除，兴奋降低，便失去动机。第二类需要属于生长需要，可产生成长性动机，为人类所特有，是一种超越了生存满足之后，发自内心的渴求发展和实现自身潜能的需要。满足了这种需要个体才能进入心理的自由状态，体现人的本质和价值，产生深刻的幸福感，马斯洛称之为"顶峰体验"。马斯洛认为人类共有真、善、美、正义、欢乐等内在本性，具有共同的价值观和道德标准，达到人的自我实现关键在于改善人的"自知"或自我意识，使人认识到自我的内在潜能或价值，人本主义心理学就是促进人的自我实现。

2）罗杰斯的自我理论。刚出生的婴儿并没有自我的概念，随着他（她）与他人、环境的相互作用，他（她）开始慢慢地把自己与非自己区分开来。当最初的自我概念形成之后，人的自我实现趋向开始激活，在自我实现这一股动力的驱动下，儿童在环境中进行各种尝试活动并产生出大量的经验。通过机体自动的估价过程，有些经验会使他感到满足、愉快，有些则相反。满足愉快的经验会使儿童寻求保持、再现，不满足、不愉快的经验会使儿童尽力回避。在孩子寻求积极的经验中，有一种是受他人的关怀而产生的体验，还有一种是受到他人尊重而产生的体验，不幸的是儿童这种受关怀尊重需要的满足完全取决于他人，他人（包括父母）是根据儿童的行为是否符合其价值标准，行为标准来决定是否给予关怀和尊重，所以说他人的关怀与尊重是有条件的，这些条件体现着父母和社会的价值观，罗杰斯称这种条件为价值条件，儿童不断通过自己的行为体验到这些价值条件，会不自觉地将这些本属于父母或他人的价值观念内化，变成自我结构的一部分，渐渐地儿童被迫放弃按自身机体估价过程去评价经验，变成用自我中内化了的社会的价值规范去评价经验，这样儿童的自我和经验之间就发生了异化，当经验与自我之间存在冲突时，个体就会预感到自我受到威胁，因而产生焦虑。预感到经验与自我不一致时，个体会运用防御机制（歪曲、否认、选择性知觉）来对经验进行加工，使之在意识水平上达到与自我相一致。如果防御成功，个体就不会出现适应障碍，若防御失败就会出现心理适应障碍，罗杰斯的以人为中心的治疗目标是将原本不属于自己的经内化而成的自我部分去除掉，找回属于他自己的思想情感和行为模式，用罗杰斯的话说"变回自己"，"从面具后面走出来"，只有这样的人才能充分发挥个人的机能。人本主义的实质就是让人领悟自己的本性，不再倚靠外来的价值观念，让人重新信赖、依靠机体估价过程来处理经验，消除外界环境通过内化而强加给他的价值观，让人可以自由表达自己的思想和感情，由自己的意志来决定自己的行为，掌握自己的命运，修复被破坏的自我实现潜力，促进个性的健康发展。

人本主义心理学派在心理学发展中的贡献和局限：反对仅仅以病态人作为研究对象，把人看作本能牺牲品的精神分析学派，也反对把人看作是物理的、化学的客体的行为主义学派。主张研究对人类进步富有意义的问题，关心人的价值和尊严。忽视时代条件和社会环境对人的先天潜能的制约和影响。

7. 认知心理学派

认知心理学有广义、狭义之分，广义的认知心理学指凡是研究人的认识过程的，都属于认知心理学，而目前西方心理学界通常所指的认知心理学，是指狭义的认知心理学，也就是所谓的信息加工心理学，它是指用信息加工的观点和术语，通过与计算机相类比、模拟、验证等方法来研究人的认知过程，认为人的认知过程就是信息的接受、编码、贮存、交换、操作、检索、提取和使用的过程，并将这一过程归纳为 4 种系统模式：感知系统、记忆系统、控制系统和反应系统。强调人已有的知识和知识结构对他的行为和当前的认知活动起决定作用。其最重大的成果是在记忆和思维领域的突破性研究。

（1）代表人物。认知心理学的主要代表人物有美国心理学家和计算机科学家纽厄尔（Alan Newell，1927）和美国科学家、人工智能开创者之一的西蒙（Herbert Alexander Simon，1916）等。

（2）主张。广义上的认知心理学包括以皮亚杰为代表的构造主义认知心理学、心理主义心理学和信息加工心理学，狭义上就是信息加工心理学（Information Processing Psychology），它用信息加工的观点等研究人的接受、贮存和运用信息的认知过程，包括对知觉、注意、记忆、心象（即表象）、思维和语言的研究。主要的研究方法有实验法、观察法和计算机模拟法。

他们的主要理论观点有：

1）把人脑看作类似于计算机的信息加工系统。他们认为人脑的信息加工系统是由感受器（Receptor）、反应器（Effector）、记忆（Memory）和处理器（或控制系统）（Processor）四部分组成。首先，环境向感觉系统即感受器输入信息，感受器对信息进行转换；其次，转换后的信息在进入长时记忆之前，要经过控制系统进行符号重构、辨别和比较；再次，记忆系统贮存着可供提取的符号结构；最后，反应器对外界作出反应。

2）强调人头脑中已有的知识和知识结构对人的行为和当前的认识活动有决定作用。认知理论认为，知觉是确定人们所接受到的刺激物的意义的过程，这个过程依赖于来自环境和来自知觉者自身的信息，也就是知识。完整的认知过程是定向——抽取特征——与记忆中的知识相比较等一系列循环过程。知识是通过图示来起作用的。所谓图示（Schema）是一种心理结构，用于表示我们对于外部世界的已经内化了的知识单元。当图示接收到适合于它的外部信息就被激活。被激活的图示使人产生内部知觉期望，用来指导感觉器官有目的地搜索特殊形式的信息。

3）强调认知过程的整体性。现代认知心理学认为，人的认知活动是认知要素相互联系、相互作用的统一整体，任何一种认知活动都是在与其相联系的其他认知活动配合下完成的。

另外，在人的认知过程中，前后关系很重要。它不仅包括人们接触到的语言材料的上下文关系，客观事物的上下、左右、先后等关系，还包括人脑中原有知识之间、原有知识和当前认知对象之间的关系。

4）产生式系统。产生式系统（Production System）的概念来源于数学和计算机科学，1970 年开始广泛应用于心理学。它说明了人们解决问题时的程序。首先，在一个产生式系统中，一个事件系列产生一个活动系列，即条件——活动（C—A）。其中的条件是概括性的，同一个条件可以产生同一类的活动。其次，条件也会涉及某些内部目的和内部知识。可以说，产生式的条件不仅包括外部刺激还包括记忆中贮存的信息，反映出现代认知心理学的概括性和内在性。

四、心理素质教育课的教学模式与方法

教学模式构建的最终目的是形成教与学活动中各要素之间稳定的关系和活动进程结构。学科课程的结构多以"传导——接受"模式为主。而心理素质课的教学模式主要为"体验——互助"，其教学模式的基本结构为"虚拟假设情境的创设——角色体验——理论融入——师生互助——真实情境的运用"。它强调两点：学生的体验和实践；教师的创设和引导。它把教学看成是一个支架，教学过程是学生攀登支架的由低到高的过程，教师是组装设计支架的人，学生是手脚抓住支架，奋力攀登的人。它注重形成性评估诊断，融理论、技巧、评估为一体，能使学生将所学知识技能应用于课堂之外，并视为终生的历程。

"体验——互助"模式较"传导——接受"模式有以下四个方面的变化：第一，教师角色的变化。教师的角色由原来的知识讲解员、传授者转变为学生学习的指导者、学生主动建构的促进者。第二，学生地位的变化。学生地位由原来的被动

地位上升为主动参与，学生成为知识的探索者和学习过程中真正的主体者。第三，教学过程的变化。教学过程由原来的知识归纳型或逻辑演绎型的讲解式教学过程转变为创造情境、协作学习、会谈商讨、意义建构等新的教学过程。第四，媒体作用的变化。教学媒体由原来作为教师讲解的演示工具转变为学生学习的认知工具。

心理素质课堂是开放性的课堂，可以在室内举行，也可以在室外举行；可以在课堂上举行，还可以作为家庭作业由学生在课下自我训练。因而教学方法灵活多样，下面列举常用的几类方法。

1. 认知法

这类方法多以 ABC 理论为基础。ABC 理论是合理情绪疗法的核心理论，它是艾利斯（Albert Ellis）关于非理性思维导致情绪障碍和神经症的主要理论。其理论要点综述如下：

第一，在 ABC 理论中，A——诱发性事件（Activatingevents）；B——由 A 引起的信念（Belie 对 A 的评价、解释等）；C——情绪和行为的后果（Consequences）。该理论认为诱发事件 A 只是引起情绪和行为反应的间接原因，而人们对诱发事件所持的信念、看法、解释，即 B 才是引起人的情绪和行为反应的更直接的原因。

第二，人们常常会产生以下 3 种不合理的信念：①绝对化。指人们以自己的意愿为出发点对事物怀有必定发生或不会发生的信念。②过分概括化。主要表现为以偏概全的不合理思维方式。③悲观引申。是指某一件事一旦发生，特别是不良事件发生，便过于担心和悲观，把结果想象得非常糟糕、不幸、可怕，认为前景必定不妙等。

第三，合理情绪疗法的过程可以用 ABCDE 模式来表明：ABC 同上解释。D——与不合理的信念辩论。E——通过治疗达到新的情绪及行为的治疗效果。这里的关键是 D，即与不合理的信念辩论。

该理论创始人艾利斯常借用古希腊哲学家埃皮克迪特（Epictetus）的一句名言来阐述自己的观点：人不是被事物本身所困扰，而是被其对事物的看法所困扰。

在教学形式上主要采取多媒体教学、专题讲座等。将大学生心理素质教育的案例及心理健康知识等制作成幻灯片、VCD 光盘等，也可以在课堂中穿插播放一些心理电影等，通过直观教学及专题讲座等的暗示、说服和质疑等，改变学生的消极认知为积极认知。

【案例】

国王与宠臣

一位国王有位宠臣，宠臣拥有一项与众不同的特长，他保持绝对积极的想法。无论遇上什么事，他总是愿意去看事物好的那一面，而拒绝消极观点。也由于宠臣这种凡事积极看待的态度，的确为国王妥善处理了许多犯难的大事，因而备受国王的敬重，凡事皆要咨询他的意见，而且令他不离左右。

国王热爱打猎，有一次在追捕猎物中意外地受伤弄断了一截食指。宠臣安慰国王说："好呀！好呀！这真是一件幸事。"国王闻言大怒，以为宠臣在嘲讽自己，立时命左右将他拿下，关到监狱里。

断指之痛并未减轻国王打猎的兴致，竟然只身一人去了丛林，很不幸误入邻国食人族土人设的陷阱之中，依照惯例，国王将被洗净后吃掉。可是在净身的过程中，巫师惊呼："这是一个断了手指的不祥之物，是不可以吃的。"于是国王侥幸捡了一条性命，逃了回来。

国王想起了宠臣的话，认为他说得有道理，就赶紧把他放了，还向他道歉。可是，宠臣继续说："好呀！好呀！关起来好呀！"国王又纳闷了，可宠臣说道："您想啊！假设没有把我关起来，我一定会和您一起打猎，万一，我们俩都被食人族抓起来，您没事了，可我就再也回不来了！"

国王顿时茅塞顿开，领悟了一个真理：凡事都具有两面性，是好，是坏，就看从哪个角度来看了！正所谓塞翁失马，焉知非福。

资料来源：http://blog.sina.com.cn.

2. 测验法

测验法是凭借标准化工具——心理测验对学生的心理和行为比较客观地进行测定的一种方法。课堂中，使用心理测验，既可以调动学生参与的积极性，也可以使学生通过自测、自评，提高自我认识。

心理测验的种类繁多，适合大学生心理素质教育的主要是人格测验。主要包括 SCL-90；16PF 多相人格测验、UPI 等。但真正用于课堂教学的往往是一些非正式的心理小测试。虽结果不够科学，但其优势是简捷、快速、趣味感强。

3. 讨论法

（1）座谈法。最常见的就是分组讨论，个人充分发表自己的看法，小组长汇总后登台向全班汇报。

（2）辩论赛。将学生分为正反两方，每一方一般由 4 名辩手组成，分为一辩、二辩、三辩、四辩等。

（3）配对讨论法。指就某一主题做 2 个人一组的讨论，然后由 2 组 4 个人做第二次讨论，最后又由第二步的 2 组 8 个人做第三次讨论。其优点是经过三次讨论，分析问题比较充分，且每人都有发表意见的机会。

4. 头脑风暴法

头脑风暴法（也叫脑力激荡法或热座）。是指集体或个人开动脑筋，使"思想火花"闪烁，以打开思路、活跃思想的方法，简称 BS 法。集体 BS 法的参加人员应遵循以下基本原则：禁止批评，不准反对他人的意见；自由奔放，尽情地想象，自由地发言；多多益善，鼓励畅所欲言；欢迎对他人意见做综合改进；自始至终保持轻松自由的心态等。

5. 角色扮演法

角色扮演法是以心理剧为基础，而心理剧是由奥地利精神病医生莫列诺于1900 年发明的。这种技术不是以谈话为主，而是通过特殊的戏剧化形式，让参与者扮演某种角色，以某种心理冲突情境下的自发表演为主，表现自己的观点和情绪，使学生在表演中有机会体验某一事件，或者用一种新的、开放的方式去经历这一事件，通过对现实生活的模仿，澄清自己的问题，看到问题的症结，发现自身的潜能，在共同参与的互动中去体验、去认识自己，并尝试改变自己的行为。

人们在日常生活中，一举一动都必然会随时想着我是一个人，我的地位、身份、能力、状况等，这就形成一个人独特的行为障碍。但是，如果人为设置一种情境，让大学生扮演一定角色，练习某种行为方式，再将其运用于实际生活，人的行为障碍就会在这种练习中得到化解。因此，角色扮演的作用是：便于发挥大学生的主动性、自发性、创造性；在扮演角色过程中可以显露大学生行为、个性上的弱点与矛盾之处；给当事人宣泄情绪提供了机会；使其学会合理而有效的行为方式。此外，作为观众的大学生虽不扮演角色，也可能对扮演者产生认同作用，从而化解自身的行为障碍。

美国历届总统在记者招待会上对答如流、幽默诙谐，正是运用了"角色扮演"这种心理技巧。在开会之前总统总是先把新闻助理及主要政策顾问找来，这些人会提出从预算到外交上的"热门"话题，总统试着回答，再由顾问们补充、校正，从而使总统在真正面对记者时能应付自如。

6. 行为训练

行为训练是指以行为学习理论为指导，对学生的各种行为训练提出具体的指导。行为训练可安排在课堂上进行，如自信心训练等，但这更适宜于作为课外作业，要求学生自我训练，如镜子技巧、系统脱敏性训练、放松性训练等。

 活动探索

我对自己面试有把握

1. 目的

在现实生活中，许多大学生表现出不自信。如谈话时不敢正视他人的眼睛；不敢与陌生人交谈，尤其是见到关键人物就脸红；说话声音很小，含糊不清；不敢提出自己的合理性要求，更不敢对别人说"不"；与同学发生矛盾时不敢正面解决问题，只会哭等。这些都是不自信的表现。可以借助于自信训练，促进其在人际关系中公开表达自己的真实情感，维护自己的权益并提高人际交往能力，勇于表现自己。

2. 操作

（1）两人相距1米左右面对面站着注视对方1分钟；

（2）每人注视对方大声地做自我肯定1分钟，如我是一个很有实力的人，我曾获得一等奖学金，我……

（3）大声地重复说3遍："我对自己面试很有把握！"

【回顾与思考】

1. 什么是心理健康？心理健康的标准是什么？

2. 结合自己的实际谈谈心理健康对自己的学习生活有何影响？

3. 你了解的心理学流派有哪些？你喜欢哪一个？

【拓展训练】

心理自测

心理问题需要全社会的共同关怀、帮助去解决，也需要自我发现、自我调整。不妨通过下列问题扪心自问，假如大多数问题的答案为"不是"，那就没问题，否则，就该调整了。

1. 有些人或事是否很容易让你不开心？

2. 有人对不起你，你是否超过半年还耿耿于怀？

3. 你是否一路上对那个在公共汽车上或地铁里碰了你却不道歉的人很气愤？

4. 你是否经常不想跟人说话？

5. 你在做重要的工作，是否觉得旁人的说话打扰你，让你很烦？

6. 你是否长时间地分析自己的心理感受和某一行为？

7. 你是否经常觉得别人看不起你？

8. 你是否常常情绪不好？

9. 你与别人争论时，是否常常无法控制自己的嗓门，导致声音太响或太轻？

10. 你是否习惯于自言自语？

11. 别人不理解你，你是否会发火？

12. 是不是看喜剧片、听笑话也开心不起来？

13. 是不是常觉得有人作弄你？

14. 是否觉得家人、朋友、同事不关心你？

15. 是否觉得包括自己在内的所有生物的生命都没有意义？

16. 是否觉得人人都不可能公正、公平？

17. 是否总是想起伤害过自己的人和当时场景？

18. 是否对曾不利于你、却也曾有恩于你的人一直爱恨交织，不知如何相处？

19. 是否常常有离开现在的生活、工作等不切实际的想法却从来没有行动？

20. 是否长时间分析某人对你的态度或所做的某事？

【推荐阅读】

1. 观看《爱德华大夫》又名《意乱情迷》，美国好莱坞早期黑白影片。这是一个有关心理分析的惊险故事，是电影史上第一批以精神分析为主题的影片之一。它是40年代的经典影片之一，对后来的精神分析产生了深远影响。

2. 观看《当幸福来敲门》。影片讲述了一个濒临破产、老婆离家的落魄业务员，如何刻苦耐劳地善尽单亲责任，奋发向上成为股市交易员，最终成为知名的金融投资家的励志故事。

第二章　自我意识培养

学习与行为目标

了解自我的不同方面

正确评价自我

了解大学生常见的自我意识偏差

克服不良自我意识，积极悦纳自己

利用心理训练完善自我

吾十有五而志于学，三十而立，四十而不惑，五十而知天命，六十而耳顺，七十而从心所欲，不逾矩。

——孔子

古往今来，人们对自我的探索一直没有停止过。那句刻在阿波罗神庙上的名言"认识你自己"总是会让人们进入深思，老子说"知人者智，自知者明"，尼采说"聪明的人只要能认识自己，便什么也不会失去"……认识自我，了解自我，才能发挥潜能，开拓未来。

第一节　认识自我

"认识自我"是一个人类永恒探索的主题。人的一生就是一个不断探索自我、完善自我、实现自我的过程。大学生处在自我意识发展的重要阶段，正确认识自我才能发展自我、超越自我。

一、自我意识概述

不同的理论家从不同的角度对自我进行阐述，代表性观点是弗洛伊德的自我理论和萨提亚（Virginia Satir）的自我冰山模型。关于自我意识的发展，心理学家奥尔波特（Gordon W. Allport）和埃里克森（Erik Homburger Erikson）从不同的视角进行了阐述。

1. 自我的含义

"自我"（ego）的概念由精神分析学派鼻祖弗洛伊德于 1895 年提出，弗洛伊德认为：存在于无意识中的性本能（Libido）是人的心理的基本动力，是支配个人命运、决定社会发展的力量；并把人格区分为本我、自我和超我三部分。本我位于人格结构的最底层，是由先天的本能、欲望所组成的能量系统，包括各种生理需要，本我遵循快乐原则；自我位于人格结构的中间层，是从本我中分化出来的，其作用是调节本我和超我的矛盾，遵循现实原则；超我位于人格结构的最高层，是道德化的自我，它对自我进行监控，遵循道德原则。

美国心理治疗大师萨提亚认为一个人的"自我"就像一座冰山一样，我们能看到的只是表面很少的一部分——行为，而更大一部分的内在世界却藏在更深层次，不为人所见，恰如冰山。每个人都有自己的冰山，认识到自己的冰山，你的人生就会改变。揭开冰山的秘密，我们会看到生命中的渴望、期待、观点和感受，看到真正的自我。

2. 自我意识概述

（1）自我意识。自我意识（self-consciousness）就是个体对自己存在的觉察和认识，包括个体对自己、对他人以及对自己与周围人的关系的认知和评价。

根据心理过程的划分，自我意识可从知、情、意三方面来分析，包括自我认识、自我体验和自我调节，具体内涵见表 2-1。

表 2-1　自我意识过程及内容

内容 过程	内涵	生理自我	社会自我	心理自我
自我认知	认知成分 包括自我感觉、自我概念、自我观察、自我分析和自我评价	对自己身体、外貌、衣着、风度等的认识	对自己的名望、地位、角色、性别、义务、责任、力量的认识	对自己的兴趣、智力、记忆、思维、性格、气质、能力等特点的认识
自我体验	情感方面的表现 自尊心、自信心是主要内容 与自我评价紧密联系	英俊、漂亮、有吸引力、迷人、自我悦纳	自尊、自信、自爱、自豪、自卑、自怜、自恋	有能力、聪明、优雅、敏感、迟钝、感情丰富、细腻

续表

过程＼内容	内涵	生理自我	社会自我	心理自我
自我调节	意志成分 主要表现为个人对自己的行为、活动和态度的调控 包括自我检查、自我监督、自我控制等	追求外表、物质欲望的满足等	追求名誉地位，与他人竞争，争取得到他人的好感等	追求信仰，注意行为符合社会规范，要求智慧与能力的发展

 知识链接

生理自我、社会自我、心理自我

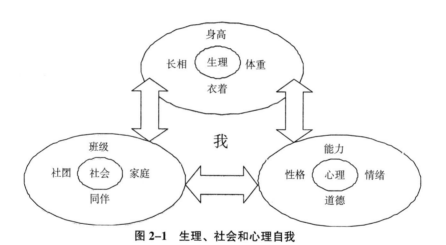

图2-1 生理、社会和心理自我

活动探索

一、自画像

1. 目的

促进学生进一步认识自己，展示一个"内心的我"；通过交流学生读懂你、我、他，促进彼此的理解。

2. 时间

大约需要20分钟。

3. 材料

彩色笔和 16 开大小的白纸。

4. 场地

以室内为宜。

5. 操作

(1) 发给小组成员一张 16 开大小的白纸,把彩色笔放于场地中央,供需要者自由取用。

(2) 在 8~10 分钟内,每人在白纸上画一幅"自画像"。

自画像可以是形象的肖像画,也可以是抽象的比喻画;可以是一色笔画成,也可以是多色笔画成。

不要因为自己的绘画技能差而感到为难,本游戏不是绘画比赛,只要求大家画的内容、形式等形象地反映对自我的认识。

(3) 小组内交流"自画像"的定义,同组成员可以提出质疑,帮助其加深自我探索,提高自我认识。

二、我是谁

1. 目的

了解自我,认识自我。

2. 材料

纸、笔。

3. 操作

(1) 在下面写出 20 句"我是一个怎样的人",要求尽量选择一些反映个人风格的语句,避免出现类似"我是一个男生"、"我是一名中国人"等这样的句子。

①我是一个＿＿＿＿＿＿＿＿＿＿＿＿。

②我是一个＿＿＿＿＿＿＿＿＿＿＿＿。

③我是一个＿＿＿＿＿＿＿＿＿＿＿＿。

⋮

⋮

(2) 归类。将上述 20 个句子根据内容做以下归类:

★身体状况(外貌、身高、体型)　　　编号:＿＿＿＿＿＿＿;

★心理状况(常有的情绪情感,如内心开朗、多愁善感;才智有能力、灵活、迟钝等)　　　编号:＿＿＿＿＿＿＿;

★社会状况(与他人的关系,对他们常持有的态度和原则,如乐于助人、爱交朋友、孤独、坦诚等)　　　编号:＿＿＿＿＿＿＿;

（3）检查你的答案是否包括了以上三方面，如果没有，再补充一些句子，从3个方面去认识自己。

根据意识活动的内容，可以将自我划分为生理自我（个人对自己生理属性的意识，如身高、体重等）、社会自我（个人对自己社会属性的意识，如社会地位、角色等）、心理自我（个人对自己心理属性的意识，如记忆、思维、智力、动机需要等）。

（2）自我意识发展理论。自我意识发展理论有2种观点：

1）奥尔波特的自我意识发展理论。美国的心理学家奥尔波特认为，个体自我意识不是一生下来就有的，而是在其成长过程中逐步形成和发展起来的。具体过程如下：

生理自我。始于8个月左右，3岁左右基本成熟。是个体对自己的躯体的认识，包括占有感、支配感、爱护感等，使个体认识到自己的存在。人们有时把生理自我发展阶段称为自我中心期，这种初级的形态是以自我感觉的形式表现出来的。

社会自我。从3岁到青春期开始，个体通过幼儿园的学前教育和学校教育，受到社会文化的影响，增强了社会意识，认识到自己是社会的一员，尽量使自己的行为符合社会的标准。这个阶段称为社会自我阶段。

心理自我。从十四五岁到成年，大约10年的时间，这个时候，性意识觉醒，抽象思维能力和想象力大大提高。在生理和心理上急剧发展变化的同时，促进了自我意识的成熟，个体开始进入心理自我时期。

2）埃里克森的自我意识理论。美国心理学家埃里克森认为，人的自我意识发展持续一生，他把自我意识的形成和发展过程划分为8个阶段，见表2-2。这8个阶段的顺序是由遗传决定的，但是每一阶段能否顺利度过却是由环境决定的，所以这个理论可称为"心理社会"阶段理论。如果每个阶段发展顺利就会形成积极的人格品质，否则会形成消极的人格品质。

表2-2 埃里克森心理发展8阶段

年龄段	存在的冲突	发展顺利	发展障碍
婴儿期（0~1岁）	信任感——怀疑感	对人信赖，有安全感	与人交往焦虑不安
婴儿后期（2~3岁）	自主感——羞怯感	能自我控制，行动有信心	自我怀疑，行动畏首畏尾
幼儿期（4~5岁）	自信——退缩内疚	有目的方向，能独立进行	畏惧退缩，无自我价值感
儿童期（6~11岁）	勤奋进取——自贬自卑	具有求学、做事、待人的基本能力	缺乏生活基本能力，充满失败感
青年期（12~18岁）	自我统合——角色混乱	自我观念明确，追求方向肯定	生活缺乏目标，时感彷徨迷失

续表

年龄段	存在的冲突	发展顺利	发展障碍
成人前期（19~25岁）	友爱亲密——孤独疏离	成功的情感生活，奠定事业基础	孤独寂寞，无法与人亲密相处
成人中期（26~60岁）	精力充沛——颓废迟滞	热爱家庭，栽培后进	自我恣纵，不顾未来
成人后期（60岁以上）	完美无憾——悲观绝望	随心所欲，安享天年	悔恨旧事，徒呼胜负

 活动探索

生命中的重要他人

1. 目的

协助个人探索自己的成长，增强自觉。

2. 材料

纸、笔。

3. 操作

（1）我们的生命成长中，与许多人都有重要的关系，请思考他们对你的影响：父亲、母亲、老师、同伴、一位重要他人。

（2）请简单描述不同人物对你的看法、评语以及任何难忘的正面、负面的经历，并把它写出来。

（3）小组分享，并思考以下问题：

你对哪一个人的看法最为重视，为什么？

最难填写的或资料最少的是哪一部分？原因是什么？

这些人物对你成为现在的你有怎样的影响？

二、大学生自我意识

大学生处于青年期，青年期是自我意识的飞速发展时期，被称为"第二次诞生"（E.Spranger，1924），第一次为了生存而诞生，第二次为了生活而诞生。大学生的自我意识开始分化，自我矛盾日益突出，使他们生活在动荡不宁的心理世界中：自我肯定与否定、自我价值认同与否定、自尊获得与丧失、自信与自卑，等等。大学生需要建立起自我统一性，形成稳定的自我概念，最终形成人生观、价值观和世界观。

经过大学生活和教育，大学生自我意识的发展达到了新的水平：独立感、自

尊心、自信心、好胜心等逐步趋于成熟；自我认识、自我体验、自我控制 3 方面趋于协调发展；自我意识的核心——世界观和人生观已基本确立。但这个发展过程并不是平静无波澜的，而是充斥着诸多的矛盾："主体我"和"客体我"、"理想我"和"现实我"之间的矛盾；自我评价时而客观、时而主观，出现过高的自我评价（导致盲目乐观、自以为是等）或过低的自我评价（自我排斥、自我怀疑等），调控能力相对较弱等。

心理健康的大学生能够正确、客观地认识自我、评价自我。他们既不自视清高，狂妄自大，责怪环境或盲目冒险，去干力所不能及的事，又不自轻自贱，妄自菲薄，退缩保守。他们自尊自信，对前途充满信心，在学习上刻苦努力，积极进取，坚持不懈，不达目的誓不罢休，并善于抓住机遇，敢于竞争。

三、大学生自我意识完善途径

当代大学生只有不断完善自我，才能发展自我、超越自我。完善自我的途径如下：

1. 每日三省吾身——自我省察法

古人云，"吾日三省吾身"，一句很简单的话却蕴含精深的道理。自我省察就是检查自己的思想和行为，剖析自己，发现自身的缺点和过失，并立刻改正。人如同一块天然矿石，需要不断地用刀去雕琢，把身上的污垢去掉。虽有些沉痛，但雕琢后的矿石才能更光彩照人、身价百倍。自我反省的过程就是自我提升的过程。

"自省"是通向成功的必经之路。孔子说："见贤思齐焉，见不贤而内自省也"（《论语·里仁》）。曾子曰："吾日三省吾身"（《论语·学而》）。懂得自省的人才能不断成长；懂得自省的人才跟得上时代的步伐；懂得自省的人更容易获得成功。

 活动探索

自我 SWOT 分析

1. 目的

增强自我认识，了解自己理想和现实的差距，从而找出自我学习改进的最佳方法。

2. 材料

自我 SWOT 分析表，笔。

3. 操作

（1）填写下面的自我 SWOT 分析表。

自我 SWOT 分析	
优势（Strengths）	劣势（Weaknesses）
机会（Opportunities）	威胁（Threats）

（2）思考。当你做了 SWOT 分析表之后，是否对自己的认识更加深刻了？

2. 以他人为镜——对比法

人是社会性的动物，不可能脱离他人、集体而单独生存生活。既然生活在人群里，必然涉及他人的态度、评价等问题。他人就是反射自我的一面镜子，从别人的反馈中可以知道具有现实意义的"我"是什么样子，自我状态和行为合不合时宜，适应情况如何，哪些地方需要改进提高。

事业成功人士大都有这样的共性：自己眼中的自己和他人眼中的自己，形象非常接近，很少出现自我肯定却不被他人认可的情况。因为他们善于理解和接受别人的想法，择善而从，不断根据他人的反馈来提高自己、改进工作，从而形成"良性循环"，最终取得事业成功。

并不是所有的人都能欣然接纳他人这面镜子给予的负性反馈。有些人自以为是，对他人的负面评价不予考虑地一概拒绝、固执己见，或加以辩解推向客观、归诸他人，因此很难改善自我，获得好的人际关系、成功的事业。

因此，我们要不时地对照"他人"这面镜子来正我、修身。

 活动探索

他人眼中的我

1. 目的
了解他人对自己的评价是否与自己一致，以便更客观地评价自己。

2. 材料
绿色、黄色和红色等有色笔。

3. 操作
（1）下面是一些描述个人特征的形容词，请你的同学，根据他/她对你的印

象，分别涂上绿、黄和红色。将最符合你的描述涂上绿色，将较符合你的描述涂上黄色，不符合你的描述涂上红色。

朴实的	单纯的	成熟的	有才华的
内向的	爱发脾气的	助人的	温和的
固执的	律己的	随便的	讲信用的
冒险的	乐观的	勇敢的	独立的
刻苦的	慷慨的	热情的	腼腆的
顺从的	不服输的	有同情心的	外向的
自私的	快乐的	有进取心的	幽默的
认真的	爱表现的	懒惰的	有毅力的
果断的	谨慎的	可靠的	合群的

（2）将同样的表交给你的家长，让他们也按照上述方法涂上颜色。

（3）对比同学和家长所填色的表，看看是否与你的自我评价一致，这样就可以了解你的自我评价是否与别人一致。

（4）思考。为什么别人会这样看我？

3. 行万里路——践行法

实践是检验真理的唯一标准，同样，实践也是判定人对自己的认识和定位是否正确的唯一标准。可以从自己实践活动的结果，来反观自身。其实生活是一座大熔炉，它能检验出你是哪块料，更适合做什么，通过成功与失败帮助你重新认识自己。所以，如果你认为你行、适合做什么，就去做吧，让事实、结果去证明你是否如你认为的那样真的行、真适合；如果你认为你不行、不适合，也不要急着下结论，到生活中试试吧，让实践去检验真相到底如何。不要将认识停留在主观评价、意识层面，只有经过生活检验的才是实实在在的"真实自我"。

第二节　积极悦纳自我

人自我身心的和谐是首要的和谐，它是人与人、人与自然、人与社会之间和谐的基础。只有正确认识自己，合理评价自己，悦纳自己，才能达到自我身心的和谐。只有自我和谐的人才能具有良好的认识和合适的行为，才会给他人创造一个和谐的人际环境。

一、大学生自我意识偏差

大学生常见的自我意识偏差有自负、自卑、自私、自恋、从众。

1. 自负

自负就是盲目自大，过高地、不切实际地评估自己的能力，以致失去自知。它是一种不健康心理，通常表现为：只从自己利益出发，很少顾及、关心别人，与他人关系疏远；唯我独尊，固执己见，明知别人正确时，也不愿意改变自己的态度或接受别人的观点；过度防卫，有明显的嫉妒心，看不得他人超过自己、比自己成功。

【案例】

自负的代价

许某以全省第一的成绩考入一所重点大学，进校后，学校领导、老师对他倍加重视，就这样他成了学校的名人。老师的宠爱、学生的吹捧，让其沉浸在那种被人捧在"云端"的环境中。从此对待学习敷衍了事，没有了从前的勤奋刻苦，自以为凭自己的聪明才智绝对可以轻松过关，拿好的成绩，于是大部分时间放在了校外活动、娱乐休闲上。一学年下来，好几门课挂掉，同学们私下议论的沸沸扬扬。最后他自尊心受不了，留下了遗书，自杀身亡。因为他知道自己再也不能骄傲了。

自负不等于自信。自信是发自内心的自我肯定与相信，一种积极的自我评价。盲目、过分自信就可能演变成自负。

大学生过五关斩六将进入"象牙塔"，心中充满自豪是很自然的事情。但若因一时的胜利冲昏了头脑，一味品尝胜利而忘记继续努力的话，只能落得像许某的惨败下场。所以无论哪方面特别优秀，都不要骄傲自大，而应该将部分视线转移到自己的不足上来，扬长避短。另外平等地对待他人，接纳他人的批评和意见，方能达成更完善的自我。

2. 自卑

自卑，就是因自己在某些方面的不足、缺陷对自己不满意，看不起自己。个体心理学认为，人类普遍存在自卑感，只是自卑的程度、内容不同。适当的自卑不仅无损于身心，还可以成为个体超越自我、追求卓越的内在动力，对个人和社会都有很大的建设性作用。但过分的自卑则会使人丧失自信心，看不到优势，限制潜能发挥的情绪。处理不当会出现心理问题，更甚者导致精神疾病或自杀。

导致大学生自卑的原因有主观方面的，如自我认识不足、性格内向等，也有客观方面的，如家庭经济困难、身有残疾等。如何战胜自卑呢，可采取以下几种方法：①认知法。全面客观地认识自己，辩证地看待自己，坦然地接受自己的缺点。不以己之短比他人之长，最重要的是自己和自己比，不断进步从而实现自己特有的价值。②升华法。用其他方面的成功来补偿自己的缺陷和不足，如生理上的补偿——盲人尤明，聋者尤聪，心理上的补偿——勤能补拙等。向海伦、拿破仑等超越自我者学习。③自信训练法。采用自我暗示法（我能行）进行自我鼓励。

3. 自私

"自私"，"自"是指自我，"私"是指利己。人都有利己倾向，这是人保全、发展自我的生存本能，但利己并非自私，利己损人才是自私的表现。所以，自私指只顾自己的利益，不顾他人、集体、国家和社会的利益，常有自私自利、损人利己等说法。自私是一种病状心理现象，程度轻微表现为计较个人得失、私心重，严重些的表现为抢夺他人财产、私吞公款，等等。自私的人为人处事以自己的需要和兴趣为中心，只关心自己的利益得失，而不考虑别人的兴趣和利益，完全从自己的角度，从自己的经验去认识和解决问题。"利己利人"是我们提倡的人际交往中"双赢"的表现，符合"互利互惠"的人际交往原则。自私的人在与人交往中以己为中心，不顾及他人感受和利益，只能让人避之唯恐不及。

大学生中存在的自私现象很多，比如子女对父母的自私，大学校园里还存在着同学间的自私现象，如霸占公共空间、资源；隐瞒评奖、就业信息等。自私心理一旦扎根形成人格特征，就会腐蚀个体心灵，使人变得贪婪、嫉妒，还会损害人际关系，甚至做出违法的事情来。所以大学生为人处世要把自己和他人利益作为共同出发点，多反省自身，多做利他之事，懂得感恩。

4. 自恋

自恋，通俗地说就是自己喜欢自己，欣赏、肯定自己某些方面，如身材、仪表、聪明，等等。最有名的例子就是"那西赛斯情结"，那西赛斯是古希腊的一位英俊王子，据说他爱上了小溪里自己的影子，不屑于美丽多情的少女 Echo（森林女神）的爱慕，后因此被惩罚化为水仙。每个人都有不同程度的自恋，适度的自恋有利于身心健康和发展，但过分自恋则会演变成心理障碍或精神病，如自恋型人格障碍、自恋狂、自恋癖等。

现在有些大学生，过于乐意在公众面前展现自己或过分追求赞美已逐渐成为一种心理疾病。自恋大学生要学会从别人的角度看问题，扩大自己的兴趣范围，拓展自己的心灵空间，走出小小的自我，走向更大的社会。

5. 从众

"从众"是一种比较普遍的社会心理和行为现象，指个人受到外界人群行为的影响，而在自己的知觉、判断、认识上表现出符合于公众舆论或多数人的行为方式。通俗地说就是"人云亦云"、"随大流"。我们应该辩证地看从众，它消极的一面是抑制个性发展，束缚思维，扼杀创造力，使人变得无主见和墨守成规；但也有积极的一面，即有助于学习他人的智慧、经验，扩大视野，克服固执已见、盲目自信，修正自己的思维方式、减少不必要的烦恼，如误会等。

有的大学生贪慕虚荣，为了所谓的"面子"而盲目从众恋爱，甚至欺骗他人的感情，其结果是害人害己。除了恋爱从众（"不求天长地久，只求曾经拥有"），在大学生人群里还存在其他消极的从众现象，如消费从众（"穿衣戴帽各有一套，抽烟喝酒各有所好"，"吃的高档、穿戴时髦、玩的够派、抽烟名牌"）、逃课从众（"今年不逃课，要逃只逃专业课"，"选修课必逃，必修课选逃"）、作弊从众（"学不在深，作弊则灵"）等等。出现这些消极的从众行为，主要原因来自于大学生自我意识弱化，独立性较差，缺乏个体倾向性的世界观、人生观、价值观。大学生应该摆脱从众的盲目色彩，用独立的思想和明晰的脚印使自己主动融入集体的行列，这样才能拥有一个真正属于自己的独特人生。

二、悦纳自我，和谐统一

大学生除了要正确地认知自我，还要学会积极地悦纳自我。悦纳自我的方法如下：

1. 放下"完美"概念

古人云：人无完人。"完美"是人对自我完善的一种美好期望和追求。在现实生活中"完美"只是一个概念，不完美才是现实存在的。人正因为有这样那样的不足、缺憾，才更自谦地努力奋斗，不断提升自我，发掘更大的潜能。

2. 学会欣赏自己

每个人既有优点、闪光之处，又有缺点、暗淡之处。若把目光仅聚焦在暗淡之处上，那只可能变得自我否定、自我贬抑，自我认同低，也就不快乐。只有懂得欣赏自己的人才会懂得去开拓自己、发挥自己潜能，也只有这样，自己的人生画卷才会有创意，哪怕是一幅简单的素描，它的内涵也不会因此而逊色。

 **知识链接**

接纳自我，欣赏自我

许多年前的一个傍晚，一位叫亨利的青年移民，站在河边发呆。这天是他30岁生日。可他不知道自己是否还有活下去的必要。因为亨利从小在收容院里长大，身材矮小，长相也不漂亮，讲话又带着浓厚的法国乡下口音，所以他一直很瞧不起自己，认为自己是一个既丑又笨的乡巴佬，连最普通的工作都不敢去应聘，没有工作，也没有家。

就在亨利徘徊于生死之间的时候，与他一起在收容院长大的好朋友约翰兴冲冲地跑过来对他说："亨利，告诉你一个好消息！"

"好消息从来就不属于我。"亨利摇摇头，一脸悲戚的神色。

"不，我刚刚从收音机里听到一则消息，拿破仑曾经丢失一个孙子。播音员描述的相貌特征，与你丝毫不差！"

"真的吗？我竟然是拿破仑的孙子？"亨利一下子精神大振。联想到爷爷曾经以矮小的身材指挥着千军万马，用带着泥土芳香的法语发出威严的命令，他顿感自己矮小的身材同样充满力量，讲话时的法国口音也带着几分高贵和威严。

第二天一大早，亨利便满怀自信地来到一家大公司应聘。

几十年后，已成为这家大公司总裁的亨利，查证自己并非拿破仑的孙子，但这早已不重要了。

在一次知名企业家的讲座上，曾有人向亨利提出一个问题："作为一名成功人士，您认为，在成功的诸多前提中，最重要的是什么？"

亨利没有直接回答他的问题，而是讲了这个故事。最后，他说："接纳自己，欣赏自己，将所有的自卑全都抛到九霄云外。我认为，这就是成功最重要的前提！"

你也许曾埋怨过自己不是名门出身，你也许曾苦恼过自己命运中的波折，你也许曾叹惋过自己行程中的坎坷。可扪心自问，你到底有没有真正正视过自己？其实，对于一个生活的强者而言，出身只是一种符号，而非成功的必然前提，你又何必为此而斤斤计较！学会接纳自己、欣赏自己吧，你会感受到命运的公正无私！

资料来源：http://jyjzfq.blog.163.com/blog/static/1714088872013729636656311/.

3. 做独特的自己

世界上找不到两片完全相同的树叶，同样也找不到两个完全相同的人。我们每个人在这个世界上都是独一无二、不可复制的。也许你不如他人漂亮，但你有内涵、气质，正如赵传所唱的《我很丑，但我很温柔》；也许你不如他人聪明，但你勤奋，勤能补拙；也许你不如他人富有，但你有相亲相爱的一家人……人各有各的长处，各有各的短处，关键是扬长避短，利用优势发掘潜能，成就不同人生。世界因为包罗万象，所以才美丽，才让人惊叹。因此做独特的自己，走自己的路才是最重要的。

人生的悲剧在于失去了个性，失去了自我本色。如果后来人总是效仿前人，不开拓创新，也就没有人类和社会的进步可言。独一无二可以创造人生奇迹，独一无二可以实现自身价值。生活中不乏做独一无二的人，他们作为世人的榜样为我们敬仰和学习。如果当初张海迪也如别的人一样办工厂或钉鞋，她就不会写下《轮椅上的梦》，成为一代学习的楷模；钱钟书如果也如某些作家一样热衷于名利，他也不会成为"中国当代的曹雪芹"……

每个人的人生都是独特的，所以不要盲从，只要成为自己，做独一无二的自己！

 **活动探索**

一、价值大拍卖

1. 目的

激发学生思考自己的价值观念；帮助学生体验和澄清自己的人生态度。

2. 材料

拍卖槌，拍卖项目表。

3. 操作

（1）导入语。人的一生是由无数次的选择所构成的，不同的选择，把人们导向不同的路途和方向，使各自的人生呈现出不同的色泽和价值，最终收获不同的果实。今天，我们进行一场价值拍卖会，在爱情、友情、健康、自由、美貌、爱心、权力、财富、欢乐、亲情等这些东西面前，同学们是怎样选择的呢？我们的选择不一样，体现了我们对人生的追求和事业的追求也不一样。希望通过这次价值拍卖会，让同学们更清晰地了解到自己的价值取向和人生态度。

（2）介绍活动规则。

1）拍卖的东西见下表，每一样东西的底价都是 2000 元。

1. 爱情	6. 欢乐	11. 友情
2. 健康	7. 威望	12. 亲情
3. 美貌	8. 财富	13. 精湛的技艺
4. 爱心	9. 自由	14. 理想的事业
5. 知识	10. 诚实	15. 名垂青史

2) 每人总共有 10000 元钱。

3) 封顶价是 5000 元（此时可多人同时买进）。

4) 最低以 1000 元为单位加价。

5) 报价举手的同时叫价。

（3）拍卖。首先拍卖爱情，学生叫价，价高者得……健康……

逐一拍卖，并记录成交情况，如×××投得爱情，3000 元，成交。

（4）小组讨论。

1) 有没有同学什么都没有买？为什么什么也没买？

2) 你是否后悔得到你所买的东西？为什么？拍卖过程中你的感受如何？

3) 假如现在已经是人生的尽头，请你看看你手上所有的是什么东西？它们对你来说是否仍有意义？

4) 现在把你自己最想要的东西写下来，想一想在现实生活中怎样才能得到它呢？

二、优点轰炸

1. 目的

使学生更加清楚地看到别人眼中的我，增强自信心。

2. 操作

（1）小组成员轮流被指出优点，每个人只对被谈论者指出一个确实存在的优点，被谈论者只允许静听，不必做任何表示。注意体会被大家指出优点时的感受。

（2）小组讨论，提纲如下：

1) 大家指出优点时有何感受？

2) 是否有一些优点是自己以前没有意识到的？

3) 是否加强了对自身优点、长处的认识？

4) 指出别人的优点时你有何感受？

【回顾与思考】

1. 你是怎样的一个人？较全面地认识自己了吗？

2. 你的自我意识有偏差吗？偏差有哪些？对你造成了什么影响？

3. 你能悦纳自我吗？打算如何做到？

【拓展训练】

自我和谐量表（SCCS）

下面是一些个人对自己看法的陈述，填答时，请您看清每句话的意思，然后圈选一个数字（1代表该句话完全不符合您的情况，2代表比较不符合您的情况，3代表不确定，4代表比较符合您的情况，5代表完全符合您的情况）以代表该句话与您现在对自己的看法相符合的程度，每个人对自己的看法都有其独特性，因此答案是没有对错的，您只要如实回答就行了。

1. 我周围的人往往觉得我对自己的看法有些矛盾　　　　1　2　3　4　5
2. 有时我会对自己在某些方面的表现不满意　　　　　　1　2　3　4　5
3. 每当遇到困难，我总是首先分析造成困难的原因　　　1　2　3　4　5
4. 我很难恰当地表达我对别人的情感反应　　　　　　　1　2　3　4　5
5. 我对很多事情都有自己的观点，但我并不要求别人也与我一样

　　　　　　　　　　　　　　　　　　　　　　　　　1　2　3　4　5
6. 我一旦形成对事情的看法，就不会再改变　　　　　　1　2　3　4　5
7. 我经常对自己的行为不满意　　　　　　　　　　　　1　2　3　4　5
8. 尽管有时得做一些不愿做的事，但我基本上是按自己的愿望办事的

　　　　　　　　　　　　　　　　　　　　　　　　　1　2　3　4　5
9. 一件事情好就是好，不好就是不好，没有什么可以含糊的　1　2　3　4　5
10. 如果我在某件事上不顺利，我就往往会怀疑自己的能力　1　2　3　4　5
11. 我至少有几个知心朋友　　　　　　　　　　　　　　1　2　3　4　5
12. 我觉得我做的很多事情都是不该做的　　　　　　　　1　2　3　4　5
13. 不论别人怎么说，我的观点绝不改变　　　　　　　　1　2　3　4　5
14. 别人常常会误会我对他们的好恶　　　　　　　　　　1　2　3　4　5
15. 很多情况下我不得不对自己的能力表示怀疑　　　　　1　2　3　4　5
16. 我朋友中有些是与我截然不同的人，这并不影响我们的关系

| | 1 | 2 | 3 | 4 | 5 |

17. 与别人交往过多容易暴露自己的隐私　　　1　2　3　4　5

18. 我很了解自己对周围人的感情　　　1　2　3　4　5

19. 我觉得自己目前的处境与我的要求相距太远　　　1　2　3　4　5

20. 我很少去想自己所做的事是否应该　　　1　2　3　4　5

21. 我所遇到的很多问题都无法自己抉择　　　1　2　3　4　5

22. 我很清楚自己是怎样的人　　　1　2　3　4　5

23. 我能很自如地表达我想表达的意思　　　1　2　3　4　5

24. 如果有了足够的证据，我也可以改变自己的观点　　　1　2　3　4　5

25. 我很少考虑自己是一个什么样的人　　　1　2　3　4　5

26. 把心里话告诉别人不仅得不到帮助，还可能招致麻烦　　　1　2　3　4　5

27. 在遇到问题时，我总觉得别人都离我很远　　　1　2　3　4　5

28. 我觉得很难发挥出自己应有的水平　　　1　2　3　4　5

29. 我很担心自己的所作所为会引起别人的误解　　　1　2　3　4　5

30. 如果我发现自己在某些方面表现不佳，总希望尽快弥补　　　1　2　3　4　5

31. 每个人都在忙自己的事情，很难与他们沟通　　　1　2　3　4　5

32. 我认为能力再强的人也可能会遇上难题　　　1　2　3　4　5

33. 我经常感到自己是孤立无援的　　　1　2　3　4　5

34. 一旦遇到麻烦，无论怎样做都无济于事　　　1　2　3　4　5

35. 我总能清楚地了解自己的感受　　　1　2　3　4　5

【推荐阅读】

阅读《自我与本我》. 弗洛伊德著. 林尘等译. 上海：上海译文出版社, 2014.

《自我与本我》收录了弗洛伊德后期的 3 篇成熟作品：《超越唯乐原则》、《集体心理学和自我的分析》及《自我与本我》，简练地表达了精神分析学的理论要点和学说精髓。

第三章　人际交往能力发展

学习与行为目标

了解人际交往及人际交往的意义

走出人际交往的误区，学会避免偏见，正确判断

掌握人际交往的技巧，提高人际交往能力

体验团队凝聚力，感受团队精神，培养合作意识

一个人事业的成功，只有15%是由他的专业技术决定的，另外的85%则是靠人际关系。

——卡耐基

人为什么要交朋友呢？心理学家认为：人是社会动物，需要和他人相处就如同需要食物、空气和水一样。我们每个人都需要有人来分享我们的喜悦、悲伤或者恐惧，需要与他人交流自己的学习或者工作，甚至仅仅是生活中琐碎的小事。在交流中，我们可以感受到自己与他人的存在，从中获得满足和快乐；而当没有人可以交流沟通的时候，我们会感到孤独和寂寞。伸出友善的手，你会发现生活很美好。

第一节　认识人际交往

"知己难求"，"人生得一知己足矣"，我们常常会发出这样的感慨。很多同学都渴望自己拥有真心的朋友，渴望与他人建立一种诉说内心秘密的深层关系。其实，不论对什么年龄阶段的人，都会有这种寻求知己好友的心理需求。但在与他

人交往的过程中，我们却往往为此而苦恼。那么什么是人际交往？你是否曾经或正在因与他人交往出现问题而苦恼呢？

一、人际交往及其意义

一位哲人曾经说过，能孤独地生活在这个世界上的人不是上帝就是野兽。良好的人际交往会对大学生的健康成长、成才具有重要的意义。

1. 人际交往

交往，是指两个以上的人为了交流有关认识性与情绪评价性的信息而相互作用的过程。简言之，人际交往就是在社会生活活动过程中，人与人之间的意见沟通、信息情报交流与相互作用的过程。交往具有两个最主要的特征：

（1）信息交流。凡交往必须有交往双方的信息交流，如知识、经验的交流，需要、欲望、态度、情绪的交流。

（2）交往必须有交往双方心理上的接触和相互作用。交往双方都是活动的主体。从信息论的观点看，在交往中，发出信息者是主体，他所发出的信息内容，可以影响或改变信息接受者；信息接受者也是积极的主体，因为他不是被动地接受信息，他会注入新的信息，又返回影响信息的发送者。通过交往双方的相互作用实现着对观念、思想、兴趣、心境、情感、性格特征等的相互交流、相互影响。

2. 人际交往的意义

人际交往对建立、巩固和发展人际关系十分重要。马克思指出："由于他们的需要即他们的本性，以及他们求得满足的方式，把他们联系起来（两性关系、交换、分工），所以他们必然要发生相互关系。"（《马克思恩格斯全集》第3卷第514页）任何个人只能在社会内部满足自己的需要，单个的人无法满足和发展自己的需要，于是，一种你离不开我，我离不开你，你依赖我，我依赖你的本性把人与人紧紧地黏合在一起。人际关系就是在人们的接触和交往中建立起来的。拒绝一切交往的人是不存在的，也没有不进行交往而建立人际关系的先例。一个广泛交往的人必然会有广泛的人际关系，不善交往的人，人际关系也是极其有限的。人际关系的发展和巩固依赖于交往的重复和深化。有的人虽然也广泛接触，建立了不少关系，但却都很浮泛，很淡漠，流于一般化，这是由于没有在多次重复交往中不断发展和深化这种关系的缘故。

人际交往是个体社会化的必由之路。交往的特点是人与人的相互影响。人在交往中总是拿他的所作所为和周围人的期待进行核对，从了解他们的意见、情感、要求中知道哪些该做，哪些不该做，把别人的行为方式、态度、价值观念等吸收过来纳入自己的人格组织，形成自己的世界观和个性。人总是在交往中不断调整自己的行为定向，使自己和他人更加相似一些。正是交往形成了人们进行活动的共同性。一句话，一个人的人格和行为方式只有在交往中才能产生，没有人际交往，人只能是一个生物的人而不能成为社会的人。

 **活动探索**

人无完人

1. 活动过程

请每位同学对自己在性格、兴趣、优点、缺点、习惯等方面进行评价并填在下表中，找找与自己有共同点的人。

项目	性格	兴趣爱好	优点	缺点	特长
特点					
相同的人姓名					

2. 讨论

人与人之间是否有相同的地方？别人的缺点是否自己也有？日常生活中我们应该如何对待他人？

二、人际交往的误区

在人际交往过程中，如何认识对象，如何了解对象的动机、性格、特质及对象与自己、他人之间的关系决定了交往的质量。如果彼此不能正确认知，必然导致交往知觉障碍，产生偏见，进而影响人际关系的建立。个体对事物的认知不单纯取决于事物本身的特点，而是与认识者本身的情绪、需要、动机、气质、性格、经验有密切关系，因为人在认识过程中，运用各自的经验对各种内外刺激进行选择、组织、评价、储存、提取，对它进行解释，给它赋予某种意义，从而获得对事物的认识。所以，认识过程在接受、处理各种信息时带有主观成分，并不一定提供对客观事件的正确认识。

我们每天面对着来自各方面的大量的信息，而实际上我们注意到的很少，人们总是因自己的兴趣、需求、动机等有选择地接受信息。一名外科整形医生比一名水管工更容易注意到一个不美观的鼻子；一名有不安全感的上司更容易把下属的出色工作视为对自己职位的威胁；一个争强好胜的人也容易认为别人在与其竞争；一个认为别人对自己怀有敌意的人会觉得对方的一举一动都在挑衅。这种有选择的接受信息并不是有意识的，而是无意识的。人们总是在选择那些与自己态度一致的、对自己有利的信息，而对那些与自己观点不一致、对自己不利的信息则视而不见。"选择性知觉"使我们能快速阅读他人，但也存在产生偏见的危险。选择性的接受信息、依据个人的经验好恶组织解释信息必然导致知觉歪曲。有时因为不喜欢某个人，就"拒绝"发现他的优点，失去进一步了解他的机会和成为朋友的可能；有时因为自己喜欢某个人，就觉得对方也喜欢自己，产生错误的人际知觉，交往时感到失落。正是因为认知过程的主观性，才导致交往过程的认知障碍。认知因素在大学生的人际关系中起着主导作用，大学生开始反思自己、反思社会。而较少的社会经验和比较主观的思维方式，容易在人际交往中产生各种偏见。从中小学的简单环境进入大学这样一个复杂的小社会，希望别人能把自己作为成年人来尊重，渴望别人了解和接纳自己，同时又以一种不成熟的审视和判别的心态去对待他人。这是由于各种不同的价值观、人生观、世界观在碰撞中，产生或轻或重的内心冲突，但认知能力也在不断提高。

每天生活在校园环境的大学生其主要任务是学习，交往的对象集中在教师和同学之间，交往的目的是为了交流思想、联络感情、切磋学问、关心国事、探讨人生、抚慰鼓励，交往的方式主要是接触交谈。同学们年龄相仿，彼此之间没有尊卑长幼的差异和地位高低之别，也没有领导与被领导、管理与被管理的关系，彼此容易发展团结友爱、平等互助的人际关系，较少带有功利色彩。研究证明，大学生交往兴趣、爱好偏重于联谊，常常带有防范心理。明显的表现是：大学生在人际交往中有较强的主见和选择能力，即认知能力。什么人能较往，什么人不能交往，已能分清良莠，择善交往。由于思想比较单纯，在日常交往中崇尚高雅，崇尚真诚，鄙视虚伪，对朋友的期待带有理想色彩，对人际交往的期望比较高，一旦需求得不到满足，又容易对人际交往产生消极的态度。例如希望交往的对象较为完美，不能容忍对方的错误；有时觉得自己也不能暴露真实的想法和缺点，应尽量避免与别人的冲突，把一团和气当成稳固的友谊，感觉活得很累，还容易失望。有的人对自己缺乏正确的认识，过高评价自己，遇到问题总是责怪别人，认为所有人都应该围着自己转，给予他人帮助后，总希望别人时刻感激自己，导致没人愿意接近自己。有的同学属于过低评价自己，想与人交往，又担心别人瞧不起自己，想发表自己的见解，又害怕出丑，被动压抑地等待朋友。

总之，大学生的人际交往呈现出如下误区：①对人际关系理想化，把交往对象完美化，对自己和别人的期望值过高，不能容忍友谊中的功利等瑕疵，不能容忍朋友的缺点。②认为良好的人际关系应该没有矛盾冲突，交往过程中容易迷失自己，变成好好先生。

由于生活经验的不足和认识事物时的绝对化思维方式，导致人际交往容易受片面信息的影响形成偏见，或者把自己的想法投射到他人身上，以己推人，妄自忖度。

三、大学生人际交往中的认知偏差

大学生在人际交往中常见的认知偏差有首因效应、近因效应、晕轮效应、投射效应、定势效应。

1. 首因效应

首因即最先的印象。首因效应是指初次对人的知觉所形成的印象往往最鲜明、最牢固，对以后的人际知觉及人际交往产生深刻的影响。首因效应产生的根源在于人类知觉的恒常性。知觉恒常性保证了人对事物相对稳定的认识，避免对于同一事物的多次反复认识，决定了人们可以根据已有的知识和经验去认识层出不穷的新事物，但同时也导致了认识上的偏差。在人际交往中，首因效应也往往带有片面性、表面性。首因效应在大学人际交往中比较普遍。有些大学生往往仅凭第一印象就轻易地对别人下结论。第一印象好什么都好，第一印象差就不屑于交往。这种先入为主的认知方式容易使人陷入人际交往的误区，是应当避免的。所以大学生在人际交往中如能坚持事必躬亲，注重调查研究，多了解、多观察、多留心，就不会产生"一叶障目"而"不见泰山"。

知识链接

首因效应

美国心理学家洛钦斯（A. S. Lochins）于1957年首次进行首因效应的实验研究。洛钦斯设计了4篇不同的短文，是分别描写一位名叫杰姆的人。第一篇文章整篇都把杰姆描述成一个开朗而友好的人；第二篇文章前半段把杰姆描述得开朗友好，后半段则描述得孤僻而不友好；第三篇和第二篇相反，前半段说杰姆孤僻而不友好，后半段说他开朗友好；第四篇文章全篇将杰姆描述得孤僻不友好。洛钦斯请4组被试分别读这4篇文章，然后在一个量表评估杰姆的为人到底友好不友好。

结果为：读第一篇文章的人，95%认为杰姆友好；读第二篇文章的人，78%认为杰姆友好；读第三篇文章的人，18%认为杰姆友好；读第四篇文章的人，3%认为杰姆友好；显然，同样的内容只因排列的顺序前后不同，就导致了评价结果的明显差异。78%和18%的差异说明了首因效应的确是存在的。

资料来源：夏翠翠. 人际交往中的心理学效应 [J]. 知识就是力量, 2010 (10).

2. 近因效应

近因即最后的印象。近因效应是指最后印象对以后的认知具有强烈的影响，这就是心理学上所说的"后摄"作用。人们在相识、交往过程中，第一印象固然很重要，而最后的、最近的印象也很重要。一般来说，在对陌生人的认知过程中，首因效应比较明显；在对熟人或对久违的人的认知中，近因效应所起的作用则更为明显，近因效应在大学生的人际交往中也是普遍存在的。大学生在人际交往中应注意克服近因效应带来的认知偏差，要用动态的、历史的、发展的眼光看待他人，看待人际关系。

 知识链接

近因效应

美国心理学家洛钦斯分别向两组被试对象介绍一个人的性格特点。对甲组先介绍这个人的外倾特点，后介绍内倾特点；对乙组则相反，先介绍内倾特点，后介绍外倾特点；最后考察这两组被试留下的印象。结果与首因效应相同。洛钦斯把上述实验方式加以改变，在向两组被试介绍完第一部分后，插入其他作业，如做一些数学演算、听历史故事之类不相干的事，之后再介绍第二部分。实验结果表明，2 个组的被试，都是第二部分的材料留下的印象深刻，近因效应明显。

资料来源：http://wenku.baidu.com/view/5ca0b9c35fbfc77da269b157.html.

3. 晕轮效应

晕轮效应也称光环效应，是指在人际认知中，人们常常把对方所具有的某个特性泛化到其他一系列尚不知道的特征上，也就是从已知的特征推及未知的特征，从局部信息而形成一个完整的印象。人们常说"情人眼里出西施"、"爱屋及乌"，这就是一种光环效应。受光环影响的大学生在人际交往中容易犯以点带面的毛病。因此必须加以克服，力求全面地看待别人。

 知识链接

晕轮效应

关于晕轮效应，有一个经典而有趣的实验，是由美国社会心理学家柯莱于1950 年用现场实验法进行的。他以经济学系的大学生为被试，宣布经济学教授

因事请假，由一位研究生代课。同时，给每位被试发一份有关该研究生的资料，并要求课后填写一份问卷，描述对代课教师的印象。

所发资料有两种："一种是柏兰克先生是本校经济研究所的研究生，曾有一年半的教学经验，现年 26 岁，服过兵役，已婚；认识他的人都说他是一个热忱、勤奋、敏锐、实际而又果断的人。"另一种是把"热忱"二字换成"冷淡"，其他文字完全一样。

调查结果表明：凡是看过前一种资料的大学生，答卷上多选用"体谅人"、"不拘小节"、"富幽默感"、"好脾气"等字眼儿，而且在课堂上也愿意主动参加问题的讨论，与教师合作；而看到后一种资料的大学生，所作的回答与前面的结果差别很大，多选用带贬义的词汇。

戴恩等做过实验，给被试呈现外表美、丑、一般的三种不同形象的照片，然后要求被试评定几项与其外表无关的特征，如职业地位、做父母的资格、社会职业、快乐程度等。结果，美的得分最高，一般的得分居中，丑的得分最低。美与丑，起了晕轮效应。

资料来源：http://blog.sina.com.cn/s/blog_bb0411e80101a2jh.html.

4. 投射效应

投射效应是指在人际交往中，认知者形成对别人的印象时总是假设他人与自己有相同的倾向、特征，亦即"由己推人"。例如，一个真诚的人，在和别人交往时认为别人也会是真诚的；一个功利的人，会认为别人在和他交往时也是有目的的；一个对别人不怀好意的人，不会轻易相信身边的任何一个人。投射效应实质上就在于从主观出发简单地去认知他人，自我与非我不分、认知的主体与客体不分、认知的主体与认知的对象不分，其结果导致认知的主观性、任意性。因此，在认知过程中应注意客观性，力求从客观实际出发，深入考察、摒弃主观臆断、妄想猜测，尽量减少人际交往中的误会和矛盾。

5. 定势效应

定势效应是指在人们头脑中存在某些固定化认知，影响着对人的认知和评价。例如，认为女生心细，男生粗心；老年人保守，年轻人爱冲动，等等。定势效应有 2 方面的作用，积极作用使认知他人的过程简化，有利于对被认知的人和事物做出概括性反映，它给予人的是经验。但定势效应在人际交往中的消极影响也显而易见，使人在认知过程中产生有害的偏见、成见，甚至错觉，给人际交往带来负面的影响。因此，大学生认知他人时要力求具体、深刻，切不可想当然，乱画像、乱对号。

 **活动探索**

我与我的朋友

1. 请写下你身边想结识的朋友与你害怕结识的朋友的名字各5个,分析是什么原因吸引/阻止你与他们的结识,举例说明(结合自我测试)。

姓名(想结识)	对方的特点 (举例说明)	姓名(害怕结识)	对方的特点 (举例说明)

2. 请在下表中写下5位正在交往的朋友,写出你们结识的情景,分析是什么吸引他们与自己结识,在你们的友谊发展过程中,哪种特点让你或对方体会最深,举例说明。

姓名	初识情景	自己的吸引点 (举例说明)	体会最深的特点 (举例说明)

第二节　提高人际交往效能

朋友不是等来的,交友同样也需要技巧,倘若我们不与别人沟通交流,我们就无法了解别人在想什么,更无法得知对方是否愿意与自己成为朋友。了解自己现在的人际关系,提高自我的交流技巧,增强自身的人际吸引,主动与他人交往,你也可以轻松拥有很多朋友。

一、交往种类知多少

根据交往双方互相满足对方心理需求的程度可以将交往分为点头之交、朋友和知己好友。

1. 点头之交

点头之交是指那些我们知道其名字，有机会时会和他们谈话，但与他们的互动在质和量上都有限的人。或许班级里很多同学都是你的点头之交，因为你们除了班里必要的接触外，从来都没有主动联络过，在其他场合的会面也纯属偶然。

2. 朋友

当相处时间越长，我们会和许多认识的人发展出比较亲切的关系。朋友就是这些我们自愿和他们建立更多个人关系的人。

当想到"朋友"这个词时，你的心中会有什么样的感觉？好朋友具有以下特点：第一是温暖、有感情。朋友之间能相互支持、相互鼓励，之间会有情感的交流。第二是值得信任。信任是相信朋友不会出卖自己、背叛自己和伤害自己。第三是能自我表露。由于感受到温暖并有彼此的信任，我们会向朋友做自我表露，与他分享个人的情感。自我表露的浓度与关系的亲密程度密切相关，关系越亲密，自我表露就越深，反之亦然。第四是有所承诺。好朋友在对方需要时会想办法彼此协助，愿意为对方付出。第五是期待关系的增进和持久。转学、换工作、搬家都不会破坏友谊，有些朋友一年只见一两次面，却仍然是朋友，因为他们在一起，总能自在地分享交换感情，并且能彼此给予忠告。

3. 知己好友

知己好友是最亲密的朋友，是那些可以和我们分享内心深处感受和秘密者，他不同于一般的朋友。虽然普通朋友之间有某种程度的自我表露，但他们并没有分享生活的每一个层面，而亲密朋友则能了解同伴内心最深的感受。这种亲密度也表现在一个人愿意为了自己亲密朋友的利益、感受而放弃与其他人的关系，同时也会比其他人更多地涉入对方的生活，给他更大的影响。

人生的道路上我们会痛苦、迷惑，也可能因为走弯路而带来悔恨和自责。在这些灰暗的时刻，倘若总有要好的朋友在我们身边，关注我们、支持我们、给我们勇气，让我们重新振作继续前行，我们的人生路将会更加稳当、更加精彩。

每一个朋友都是由陌生到熟悉、由熟悉到亲密，没有谁能够从不认识一下就成为知己好友的。因此，我们要了解影响我们交往能力的因素及影响人际吸引的因素。

二、影响人际交往能力的因素

人际交往是每个人无法回避的生活内容。与他人交往不仅可以使个体获得必要的生存信息和生活参照系，还可以拥有强有力的心理支持，保持心理健康。每个人都希望被他人接受、尊重、喜欢，能赢得朋友，使生活多姿多彩。生活中那些善于与人交往的人走到哪里都受欢迎，大家都愿意与他交流信息，愿意接受他的意见，并给予他帮助，那么他做事的成功率就高，而且心理轻松、愉快。人际交往能力强的大学生善于与人交谈，并从中获得有用的信息为己所用，他们更易心情舒畅，学习效率高，具有较强的自信心和成就感。那些不善于人际交往的学生容易被莫名的烦恼困扰，又苦于无人可以倾诉，身心疲惫，学业也受到干扰，久之还可能导致心理疾病。

渴望与人结交、与人交流是很多大学生的心声，但并不是所有人都能在人际交往中得心应手。有的人不懂得如何与人相处，空有一腔热情，不被人理解，处处碰壁；有的人认为谦虚是一种美德，过于谦虚，让人觉得虚伪，令人生厌；有的人觉得朋友越多越好，什么样的人都交，弄得自己整天疲于应付，别人也感觉自己不是他最好的朋友，纷纷远离他；有的人为了讨好别人，过于热情，把自己的秘密告诉别人，被别人认为是"缺心眼"、"少根筋"，不愿与其交往……如何在人际交往中一言一行恰到好处，改掉令人生厌的坏毛病，增加个人魅力，提高人际吸引力，值得大学生思索。

人际关系指人与人之间心理上的关系，即心理距离。人际关系通过有效的人际交往建立，而良好人际沟通是实现人际交往的必要条件。所以，要建立良好的人际关系，很大程度上依赖沟通的效果、交往的程度以及对人际关系的准确判断。实际生活中，许多大学生正是因为不善于沟通，不善于表达自己，也不能体验他人感受，而难以建立和谐人际关系的。所以提高沟通技巧是提高人际交往能力的重要部分。

性格作为个性中具有社会评价意义的部分，体现在个体对人、对事的态度和处理方式的方方面面。如果性格过于以自我为中心、多疑、孤僻、羞怯、嫉妒、自卑、自负、世故，会导致个体不能正确地认识自己与他人，不能平等地关心、尊重、信任别人，给人际沟通带来障碍。性格内向的学生不喜欢与人打交道，不善言谈，总以为别人不了解自己，厌恶复杂的人际环境，把自己封闭起来，顾影自怜。此外因自卑、羞怯不敢与人交往，因以自我为中心不关心他人感受，因多疑、妒忌把自己与别人对立起来等也是困扰大学生交往的性格因素。通过训练使大学生发现自身性格的弱点，并努力完善塑造积极健康的性格，也可以达到改善人际交往能力的效果。

最后，提高人际交往能力还离不开准确的社会知觉，包括人际知觉、自我知觉、对他人的知觉，也就是正确认识自己、学会判断他人和心理距离。人际交往过程中得心应手的人往往也是人际判断最准确的人。很多大学生苦于看不清自己、看不清他人，更看不清自己在团体中的位置和在他人眼中的形象而自卑、自负、多疑、敌视、羞怯等。一项关于大学生人际关系与自卑心理的调查研究表明，社会困窘与异性交往、孤僻和自信度3个因子之间的相关达到0.45以上，说明孤僻、缺乏自信的人交往困难，而这部分人在与异性交往时尤其窘迫、局促。信任度与孤僻的高相关揭示了交往困难源于对外界的不信任（张亚宁、李玲，2004）。大学时期人格正在定型，核心任务是建立自我认同，排除迷茫。大学生因自我意识水平提高开始自我观察、自我评价，而面对各个优秀的同学，优越感消失，容易产生紧张焦虑，对自己的表现过于仕意、恐慌。加上大学生的人际交往知识技能缺乏，常常感到挫败、孤独，进而形成恶性循环。

事实上，大学生交往过程表现的主要问题诸如缺少与他人交往的勇气和信心，在公共场合不敢发言，不会拒绝他人，他人借东西不还时不知道该怎么办，听到别人背后议论自己不知如何处理，不会关心别人，没有聊天的话题等具体问题。通过具体的操作性较强的人际训练，可以减少同学间的人际隔阂，放松情绪，认清问题所在，克服绝对化、唯一化的错误思维，增加人际经验。

三、影响人际吸引的因素

人际吸引是人与人之间情感上相互亲密的状态，是人际关系中的一种肯定形式。人际吸引是从第一印象（如相貌、学识、人品等）开始的，随着交往的深化和了解，使其进一步发展。

1.增进人际吸引的积极因素

（1）邻近性因素。邻近性因素指人与人在时间、空间上的邻近性，比如大学生有时举办"同乡会"，它为同乡之间交往提供了一个可行的平台，使人们可以在交往过程中相互认识、相互磨合，从而形成一定的人际关系。

（2）相似性因素。相似性因素又称为类似性因素。俗话说："物以类聚，人以群分"，"君子和而不同，小人同而不和"，说的就是这个道理。现实生活中，大学生总是愿意和自己志趣相同或相似的人交往。因为有共同的语言，有相同或相似的情绪体验，使彼此的思想、感情和行为得到互相强化，从而产生了共鸣，导致相互吸引。

（3）补偿性因素。补偿性因素又称为需要的互补。大学生正处于青年的初期，需要一个人能够倾听自己的心声。这是大学生建立人际关系所追求的目标。因此说，需要上的互补是将人际交往联系在一起的最强有力的纽带。需要的互补是多方面的，包括人与人之间在个性特征上的互补和互嵌。这种由于需要上的互补而产生的人际吸引是现实社会中最普遍、最基本的模式。

（4）仪表的魅力。尽管不同时代、不同民族、不同文化传统下的人对美的认识不同，但置身于美的环境总会令人赏心悦目，感到愉快。因此，人的仪表魅力也是增进人际吸引的因素之一。

（5）个性品质或人格特征。人在现实人际交往中所表现出的行为倾向性、人格、气质、能力等个性品质，影响人际关系的建立与发展。有些个性品质容易导致人际吸引，诸如助人为乐、坦诚无私等行为倾向，就有利于良好的人际关系的建立、维系和发展。

（6）情景因素。情景因素是指社会环境、自我环境、心理环境3方面。大学生大多是第一次远离家乡，往往在互帮互助中得到认同，这就形成了人际吸引。

上述增进人际吸引的积极因素，往往是几种因素共同发生作用。因此，协调好各个因素的作用，可以形成良好的人际关系。

2. 阻碍人际吸引的不利因素

（1）信息沟通阻碍。能否顺畅地进行人际交往，关键在于能否通畅地进行信息沟通。大学生从不同社区而来，这就自觉不自觉地带上方言。可能在一定时间段里无法顺利、畅通地沟通，过一段时间就适应了。

（2）情感冲突。情感是人积极活动的心理动力源泉。排斥性情感使人与人之间互无交往的愿望，因而也就谈不上彼此的吸引和良好关系的建立。已经建立良好关系的双方，倘若在以后的交往中产生情感的冲突，也会给双方的关系罩上阴影。因此，"伤树莫伤根，伤人莫伤心"，一定要注意人的感情因素，使之成为增进人际关系的积极因素。

（3）需要的不满足。如前所述，寻求需要的满足是人的行为动机，也是人进行交往、建立人际关系所追求的目标。因此，"需求饥饿"是阻碍人际吸引和良好关系建立的重要因素。

（4）利益冲突。根本利益上的不一致，甚至根本利益上的冲突也是阻碍大学生人际交往的不利因素之一。

（5）态度和价值观念相悖。态度是一种直观的心理状态。它会直接反映到人际交往行为中。态度和价值观念的不一致，使交往双方对彼此的思想、情感和行为方式有不同的理解，从而影响大学生人际交往关系，成为阻碍大学生人际吸引的因素。

（6）个性品质或人格特征。人在现实人际交往中所表现出的行为倾向性、人格、气质、能力等个性品质，影响人际关系的建立与发展。有些个性品质则容易障碍人际吸引，诸如道德败坏、自私自利、虚伪狡诈等行为倾向，则不利于人际关系的建立和融洽。

四、提高人际交往效能

人际交往是一门技术，更是一门艺术。提高人际交往的效能需要在实际生活中不断成长。

 **活动探索**

一、告别窘迫

活动 1　集思广益

1. 目的

认识到交往中每个人都会遇到困难，训练解决困难的能力。

2. 操作

（1）收集同学们在人际交往过程中遇到的困难。

（2）教师根据所涉及的问题分类，将全班学生分为相应的若干组。

（3）教师把整理好的问题分别发放到每个组，每组重点讨论一类问题。

（4）每组选派 1~2 名学生分享，讲讲如何解决这些困难，并谈谈自己小组讨论的感受和想法。

活动 2　攻克难关

1. 目的

学习如何与他人，特别是与陌生人沟通，锻炼与人交往的勇气。

2. 操作

（1）要求每名学生独自采访 3 个不同类型的人（陌生人、老师、异性同学）。

（2）采访前学生准备采访提纲，采访提纲包括：采访对象的个人情况及兴趣爱好、采访的问题（按由浅入深的顺序排列）。

（3）采访后小组分享自己的采访过程。

二、沟通高手

活动 1　用心聆听

1. 目的

使学生认识到人际交往中主动倾听的重要性，帮助学生学习主动倾听的技术。

2. 操作

（1）3 名学生为一组。

（2）第一名学生讲述一件自己亲身经历的事，第二名学生聆听，然后复述故事，并尽可能谈谈第一名学生在事情发生时的感受。

（3）第三名学生做裁判，评价第二名学生的阐述是否正确。

（4）3名学生角色调换，轮流做讲述者、复述者和裁判。

活动2　让别人开口

1. 目的

（1）训练学生学会交流，合理表达自己的意见，并愿意把交流进行下去。

（2）训练学生沟通技巧，如"嗯"或点头表示听懂；提问或重复表示感兴趣并深入；微笑、目光、皱眉、感叹表示情感体验；轮流发言等。

2. 操作

（1）教师讲述案例：晓萌……更少了。

（2）学生讨论沟通的意义。

三、合作与竞争（圈之魅力）

1. 目的

增强学生积极的人际体验，增强团队成员的归属感，促进学生之间的合作，提升团体的凝聚力。

2. 操作

（1）10名以上学生一组，每组一名组长，分别进行套圈、钻圈、转圈的竞赛。

（2）套圈。每组派一名学生作其他组的"套圈轴"，任务是站在20米远处，双脚并列，双手伸直（与肩同高），脚不可离地，阻止对方同学把圈套入，以小组成员每人都套圈一次用时最少为胜。

（3）钻圈。分两次完成，第一次同伴拉圈（合作）全组通过，第二次对手拉圈（设阻的）全组通过。

（4）转圈。各小组成员手拉手围成一个圆圈，呼啦圈挂在两名同学拉手处。所有人不松手的情况下，让呼啦圈按顺时针方向转动一圈。

（5）活动结束，团队成员谈自己的感受。

四、团队信任（漫漫人生路）

1. 目的

通过团队活动体验信任、帮助和互助。信任别人需要勇气，获得别人的信任需要付出。

2. 操作

（1）两名学生一组。

（2）一名学生蒙上眼睛，一名学生作引导。在整个活动过程中不能讲话，只能用手脚等肢体语言交流。

（3）蒙眼一方要全心全意听从对方的引导，要学会信任，体会眼睛看不见时的感受。

（4）引导一方要全身心关注对方，精心照顾和引导，如何沟通对方，如何给对方安全感，每次一定要确认安全才能引导对方做。

3. 活动结束

团队成员谈自己的感受。

【回顾与思考】

1. 在与他人交往的过程中，你曾遇到哪些困惑？产生这些困惑的原因是什么？
2. 在你的交友过程中，是否存在认知上的偏差？这些偏差对你造成了什么影响？
3. 如何将最佳的交往方式运用到生活中，改善自己人际交往的状况？

【拓展训练】

自我测试 大学生人际关系综合诊断量表

说明：在每个问题后的答案里，你认为符合你自己情况的打"√"，计1分。

1. 与异性交往太少
2. 和陌生人见面感觉不自然
3. 过分地羡慕和妒忌别人
4. 关于自己的烦恼有口难言
5. 对连续不断的会谈感到困难
6. 在社交场合感到紧张
7. 时常伤害别人
8. 与异性来往感觉不自然
9. 与一大群朋友在一起，常感到孤寂或失落
10. 极易受窘
11. 与别人不能和睦相处
12. 不知道与异性相处如何适可而止
13. 常被别人谈论、愚弄
14. 担心别人对自己有什么坏印象

15. 总是尽力使别人赏识自己

16. 暗自思慕异性

17. 时常避免表达自己的感受

18. 对自己的仪表（容貌）缺乏信心

19. 讨厌某人或被某人所讨厌

20. 瞧不起异性

21. 不能专注地倾听

22. 自己的烦恼无人可申诉

23. 受别人排斥与冷漠

24. 被异性瞧不起

25. 不能广泛听取各种意见、看法

26. 自己常因受伤害而暗自伤心

27. 与异性交往不知如何更好地相处

28. 当不熟悉的人对自己倾诉他的生平遭遇以求同情时，自己常感到不自在

结果：

1. 0~8 分

说明你在与朋友相处时困扰较少。你善于交谈，性格比较开朗，主动关心别人，你对周围的朋友都比较好，愿意和他们在一起，他们也喜欢你，而且你能够从与朋友相处中得到许多乐趣。

2. 9~14 分

你与朋友相处存在一定程度的困扰，你的人缘一般。

3. 15~28 分

你在同朋友相处上的行为困扰较严重，你不善于交谈，可能性格孤僻或者自高自大。

【推荐阅读】

阅读《九型人格读心术》. 杨心远编著. 北京：中华工商联合出版社，2013.

九型人格是一种深层次地了解人的方法和学问，能够帮助我们认识自己及他人的内在本性，为我们的自我提升、历练提供深入的洞察力。它可以让人真正地知己知彼，可以帮助人明白自己的个性，从而完全接纳自己的短处，发挥自己的长处；可以让人明白其他不同人的个性类型，从而懂得如何与不同的人交往沟通及融洽相处，与别人建立更真挚、和谐的合作伙伴关系。

九型人格理论将人与生俱来的性格概括为九种类型，无论你是哪种人，都能

在九型人格系统中找到自己的位置。它能穿透人们表面的喜怒哀乐，进入人心最隐秘之处，发现人的最真实、最根本的需求和渴望，帮助我们洞察身边人的真实想法，有效地应对人际关系，提升我们人生的幸福指数和成功指数。

九型人格是一张详尽描绘人类性格特征的"活地图"，是我们认识自己、读懂他人的一把"金钥匙"，更是一件与人沟通、有效交流的"利器"！它可以帮助你利用好自身的"密码"，从而"解码"专属于你的成功人生的方程式。

第四章　恋爱与性心理辅导

学习与行为目标

了解恋爱的定义及理论

了解性与性心理的定义

了解大学生恋爱中常见的心理困扰

树立科学的恋爱观及培养恋爱的能力

了解大学生常见的性心理困扰及调试方法

了解性病与艾滋病知识，预防性病与艾滋病

爱是亘古长明的灯塔，它定睛望着风暴却兀不为动，爱就是充实了的生命，正如盛满了酒的酒杯。

——泰戈尔

第一节　恋爱需要学习

很多同学以为，到这个年龄了，自然就会谈恋爱，但爱作为一种能力，和其他各种能力一样，同样需要培养，把懂得爱、珍惜爱、维持爱的能力不断提高。这是一生的功课，要靠一生的努力去学习。我们在付出爱，也在享受被爱。我们在爱与被爱中学习着如何去爱。

一、爱是一种能力

爱的能力是指和他人建立亲密关系的能力，对人的一生发展有着重要的意义。具备了爱的能力会引导一个人去真正地爱他人，也真正地爱自己，能真正体验到爱给人带来的快乐和幸福。恋爱的过程也是培养爱的能力的过程。

在心理学家弗洛姆看来，"爱是人的一种主动的能力，一个突破把人和其他同伴分离之围墙的能力，一种使人和他人相联合的能力；爱使人克服了孤独和分离的感觉，但他允许他成为他自己，允许他保持他的完整性。"

二、爱的能力的组成

爱的能力是一种综合素质的融合，是由在爱的过程中一系列能力的各个部分组成。

1. 识别爱的能力

当别人向你表达爱时，能及时准确地对爱的信息作出判断，坦然地作出选择。识别爱是指能较好地分清什么是好感、友情和爱情。有识别爱的能力的人，是充满自信，同时也尊重别人的人，也会自然地与别人交往，主动扩展交往的范围，并懂得珍惜友谊，能尽量多地体验他人感受的人。

2. 表达爱的能力

当你爱上一个人时，能否用恰当的方式和语言向对方表达出来呢？表达爱需要勇气，需要信心；表达爱是在表明爱一个人也是幸福的，即使可能得不到回报。你让对方知道被一个人爱着，这是一种很崇高的境界。

3. 拒绝爱的能力

自己不愿或不值得接受的爱应有勇气加以拒绝。拒绝爱要注意两个方面，一是在并不希望得到的爱情到来时，要果断、勇敢地说"不"，因为爱情来不得半点勉强和将就。如果优柔寡断或屈服于对方的穷追不舍，发展下去对双方都是不利的；二是要掌握恰当的拒绝方式，虽然每个人都有拒绝爱的权利，但是珍重每一份真挚的感情是对他人的尊重，也是一种自重，同时也是对一个人道德情操的检验。不顾情面，处理方法简单轻率，甚至恶语相加，结果使对方的感情和自尊心受到伤害，这些做法是很不妥当的。

4. 接受爱的能力

接受爱首先要学会爱自己，即接纳自己。接受爱也是向对方表露出自己的软弱，爱是危险的，但值得我们去冒险。如果没有爱，生命就会空洞无意义。在恋爱的浪漫中，爱是无法显现或被证明的，唯有经过生活最艰难和最平凡的考验才见真爱。当爱变成无条件的接纳时，这份爱就真的放弃了以占有作为唯一目的，给予爱的人应该是自由的，接受爱的人亦是自由的。爱是必须在每天的生活中去操练和表达的。

5. 解决爱的冲突的能力

爱的冲突一方面来自日常生活中的不一致，或不协调；另一方面可能来自于性格的差异。相爱的人不是寻求两人的一致，而是看如何协调、合作。爱需要包容、理解、体谅，也需要用建设性的方式去解决冲突。而沟通就是非常有效的方式之一，恋人间需要有效的沟通，表达清楚自己的思想、感受，伤害性的争吵或者冷战都不利于问题的解决。

6. 面对失恋的心理承受力

在大学校园里，失恋一族并不罕见。失恋使人产生痛苦的感觉，这是很自然的事，每个人都会经历，只可能程度有差别。面对失恋，大学生应该正确认识，而不应该自暴自弃。每个人都有自我选择的权利，尊重自己也尊重对方的选择。

7. 保持爱情长久的能力

爱情需要两个人真正地关心对方，走进对方的内心世界，以对方的快乐为自己的快乐，这需要保持爱情常新。而保持常新的方法则需要智慧、耐力、持之以恒及付出心血，同时又要有自己的个性、有自己的追求与发展。喜欢学习、善于交流、欣赏对方，就是爱的重要源泉。

 自我思考

我的爱的能力有哪些

通过上面的学习，我知道了爱的能力包括好多方面。下面来分析一下我所具有的爱的能力。

我的爱的能力包括：

1. _____

2. _____

3. _____

4. _____

5. _____

……

三、大学生恋爱中常见心理困扰

恋爱总让人感觉美好，但也会有无穷无尽的烦恼。对于处在恋爱美好幻想的人来说，若遭遇这样的困扰，会觉得难以接受，甚至影响自我形象、人际关系、学业，等等。但若能恰当面对并处理好情感困扰，就会迈向成熟。

1. 寂寞与爱情

弗洛姆曾说："人的孤独和性欲使人很容易沉溺于爱情，这丝毫没有什么神秘之处，相反它倒是极易获得也极易失去的东西……生产性地爱一个人就是指关切他，对他的生命负有责任感，而且对他全部人性的力量的成长和发展负有责任感。"一些大学生由于对大学生活不适应，陷入孤独寂寞，希望寻求异性知己，试图以"爱情"来抚慰自己，消愁解闷，寻求寄托，即所谓"寂寞期的恋爱"。

2. 好感与爱情

好感与爱情是大学生异性交往中经常遇到又难以区分的两种感情。青年人在性发育成熟时，便开始被异性所吸引，对异性产生好感，这种好感有时也像爱情一样，能够带来快乐、愉悦、兴奋的感受，但是这并不能说好感就等于爱情。异性之间的好感一般来讲是广泛的、无排他性的，而爱情则是专一的、排他性的、具有性爱的因素。好感常常表现为人们一时出现的情绪感受；而爱情则是在长时间的相互了解中形成的。

3. 虚荣与爱情

虚荣心理是人的一种情感的反映，也反映着人的某种需要。根据美国心理学家马斯洛需要层次理论认为，需要是人的心理活动的基本动因，人的需要有各种不同的层次和广泛的内容，其中包括受他人尊重的需要。虚荣心理是一些人试图以追求名誉、荣耀等表面的光彩，来满足自尊需要的心理。在当今的大学校园里，谈恋爱，有一个令人羡慕的男朋友、女朋友，似乎满足了大学生虚荣的心理需要。

4. 友谊与爱情

友谊是同学、同事、朋友之间在相互了解和依赖的基础上，形成的一种亲密、平等、真挚友好的情谊关系，而爱情是在性吸引和满足性的欲望的基础之上的一种情感。作为友谊，无论是同性之间还是异性之间，彼此不会拥有对对方身体的渴望，而爱情则是渴望拥有对方的身体。现实中确实有不少大学生把一般的友谊误解为爱情，常有同学讲，那个男同学为什么总是帮我们送报纸、送信；为什么在一些活动中那个女生总是对我特别的关心，等等。日本青年心理学家曾对异性间的友谊和爱情的异同做过区分，他认为在五方面有不同：①支柱不同：友谊的支柱是理解，爱情的支柱是感情；②地位不同：友谊的地位是平等，爱情的地位是一体化；③体系不同：友谊的系统是开放的，爱情的系统是关闭的；④基础不同：友谊的基础是信赖，爱情则纠缠着不安和期待；⑤心境不同：友谊充满"充足感"，爱情则充满"欠缺感"。

四、树立正确的恋爱观

恋爱观，是指人们对恋爱问题所持的基本观点和态度，是人生观的组成部分。由于多种因素的影响，当代大学生对于恋爱观缺乏足够的重视和正确的认识，导致大学生在恋爱问题上出现一系列的问题，对恋爱的当事人造成了伤害，而且，这种伤害和痛苦很可能伴随学生的一生，成为其心中永远挥之不去的阴影。因此，大学生树立正确的恋爱观就显得至关重要和必要。

1. 提倡价值观一致的爱情

在恋人的选择上最重要的条件应该是志同道合，思想素养、事业理想和生活情趣等大体一致，应该是理想、道德、义务、事业和性爱的有机结合。大学生恋爱应把一致的思想、共同的信仰和追求放在首位，把心灵美灯、情操高尚、心理相融作为择偶的第一标准。正如莎士比亚所说，爱情不是花荫下的甜言，不是桃花源中的密语，不是轻绵的眼泪，更不是死硬的强迫，爱情是建立在共同的基础之上的情感。

2. 正确处理爱情与学业的关系

大学期间，学业是大学生价值感的主要支柱，所以大学生应该把学业放在首位，摆正爱情与学业的关系，不能把宝贵的时间都用于谈情说爱而放松了学习。当女大学生把爱情视为生命的唯一时，爱情就是一株温室中的花朵，娇弱美丽却经不起任何的打击。当爱情成为女性唯一的存在价值时，她本人就会失去人格的独立和魅力，也很容易失去被爱的理由。

3. 懂得爱情是相互理解，是相互信任，是一份责任和奉献

爱情是互爱的统一，相爱的双方，都有着自己独立的人格和精神世界，既不能完全依附对方，也不能要求完全占据对方。爱情和做人一样，理解、信任、责任、奉献都是十分可贵的品质。理解对方是为自己和对方营造一种轻松和快乐的氛围，没有人追逐爱情只是为了被对方约束。信任源于爱的碰撞，一种来自于灵魂深处的相互默契，当一个人能感受到别人的爱的时候，那么，离猜疑就越来越远了。而责任和奉献则意味着个人道德的修养，它是获得崇高爱情的基础。

 拓展阅读

爱情就像一捧沙子

一个即将出嫁的女孩，向她的母亲提了一个问题："妈妈，婚后我该怎样把握爱情呢？"

"傻孩子，爱情怎么能把握呢？"母亲诧异道。

"那爱情为什么不能把握呢？"女孩疑惑地追问。

母亲听了女孩的问话，温情地笑了笑，然后慢慢地蹲下，从地上捧起一捧沙子，送到女儿的面前。女孩发现那捧沙子在母亲的手里，圆圆满满的，没有一点流失，没有一点洒落。接着母亲用力将双手握紧，沙子立刻从母亲的指缝间洒落下来。待母亲再把手张开时，原来那捧沙子已所剩无几，其团团圆圆的形状，也早已被压得扁扁的，毫无美感可言。

女孩望着母亲手中的沙子，领悟地点点头。

其实，那位母亲是要告诉她的女儿：爱情无须刻意去把握，越是想抓牢自己的爱情，反而越容易失去自我，失去彼此之间应该保持的宽容和谅解，爱情也会因此而变成毫无美感的形式。

每个人都希望自己永远拥有幸福美满的爱情，那么不妨学着用一捧沙子的情怀来对待爱情。好好珍惜，好好捧握，爱情必定圆圆满满！

资料来源：http://blog.sina.com.cn/s/blog_491b227f0100jhv3.html.

4. 提高恋爱挫折承受能力

恋爱是男女双方互相了解，培养加深感情的过程。在大学生中"有情人"虽多，但"终成眷属"者少。因为恋爱的双方是平等的、自愿的，所以其中一方不能对另一方施予强迫，一厢情愿是不行的。有一位哲人曾经说："最热烈的是人的爱情，最痛苦的是人的心灵"（佐藤春夫）。这句话可以说是对爱情的形象写照。俗话说："爱得越深，痛得越烈。"是指人由恋爱到失恋的感受。失恋以后，内心的痛苦是可以理解的。那么，对于这种失恋的痛苦，我们应该怎样对待呢？

（1）克制感情，转移注意力。首先，失恋以后，要用理智来克制自己的感情，不要被痛苦冲昏了头脑，去跟着感情走。以前发现有的大学生失恋以后情绪一蹶不振，有个别人甚至失去了对生活的信心，产生轻生的念头；也有同学内心不甘，继续纠缠对方，无理取闹；还发现有的同学心怀愤恨，伺机报复。这3种感情状态都是不明智的，只会给自己增加更大的痛苦，严重的还可能造成自我毁灭。正确的做法是先用理智去克制感情，使自己尽快冷静下来，然后再寻求解脱的办法。

其次，失恋以后要设法尽快转移注意力，不要老是想着恋爱的事情，那样于事无补，只会增加伤感。转移注意力的方法有很多，可以找亲近要好的朋友倾诉自己的不幸，让朋友帮你一起分担忧愁；也可以到大自然中去活动活动，让青山绿水来洗涤忧伤；最好的方式是把注意力转移到学习和工作中去，那样可以把失恋的痛苦化作学习的动力，对自己很有好处。

（2）要做到失恋不失德。首先是失恋不要失德。有的大学生失恋以后采取不道德的行为，或者死缠对方不放，或者要挟对方，甚至伤害对方。有的失恋本来是对方没道理，可以获得同学、朋友的同情和支持，但是他认为自己有理，就采取不道德的行为，结果反而变成自己没道理，受到大家的指责。不能成为恋人，仍然可以是同学，或者还可以做朋友，即使对方在某些问题上有对不住你的地方，只要不是大的原则问题，就应该宽容和谅解，友好地说一声"再见"。

（3）要做到失恋不失志。还要做到失恋不失志。有一些大学生为什么失恋以后就精神崩溃，不能自拔呢？就是因为这些同学的生活目标锁定在爱情上，结果爱情破裂了，人就垮了。大学生中有一句这样的顺口溜："什么叫作 happy，就是要攒一点 money，要找一个漂亮的 lady，建立一个温馨的 family，然后生一个可爱的 baby。"这个顺口溜就是某些人的人生奋斗目标的写照。

事实上，爱情如果不以事业为基础，那么这种爱情就是不稳固的爱情。一位哲人说，只有事业有所成，爱情才有所附属。失去了爱情还可以再找，"天涯何处无芳草"！而如果荒废了学业，那么即便暂时拥有爱情，也是岌岌可危的爱情。在爱情与事业的关系上，事业是主旋律、是最强音，如果像台湾歌曲那样："为了爱而宁愿不醒来，去梦一生，等待一生。"那么生活就会变成一片荒原。

第二节　谈性色不变

"性"是每一个健康的人自然的、本能的欲望和需求。个体从出生的那刻，就有了性别之分，同时也就开始了性的发育，到青春期，性的发育开始变快，并逐步成熟。大学生作为一个较特殊的群体，正值性成熟和性的欲望需求的高峰期，如果没有科学的性知识，或者知之甚少，则会产生性神秘心理，进而产生窥探心理和冒险尝试心理，影响其身心健康。因此，了解和学习科学的性知识，可以使大学生避免不正当刺激，形成高尚的道德品质，从而促进其健康成长。

【案例】

该不该答应

小 A，女，18 岁，大学一年级学生。由于恋爱中的男友希望与她发生性行为，对她提出了得到其"处女膜"的要求，而她自己认为这样不妥，她不能接受。但男友一再地要求又让她感到很烦恼，一方面她爱男友，希望让他开心满意；另一方面她又不能答应男友的要求。她做不到违背自己的意愿去满足男友的需求，而男友却认为她的拒绝表明她不爱他。为此，她觉得很苦恼、很沉重，内心非常矛盾。

一、性与性心理

说到性，似乎人人都了解。但事实上，性是一个含义极多，涉及学科极广的概念，它在生理学、心理学、社会学、伦理学、教育学、医学、美学等学科中，都有各具专业特点的解释。从性心理卫生学的角度来看，性的定义有广义和狭义之分。从广义上来说，性既指性别，亦指男女两性在生物学、心理学和社会学上的特征总和，即不仅包括性行为，也包括性身份的认同、性角色的进入、性态度的确立、性意识的发展、性的生理需要与心理需要相结合等与性有关的活动。关于这一点，前苏联著名性心理卫生学家约瑟夫和卡刚（1986）在其专著《儿童性心理卫生学》中曾指出："从广义上说，性——这是决定个体是男孩还是女孩，是男性还是女性的一般躯体、心理和社会的特征。" 从狭义上说，性指人的性行为，即旨在满足个体性需要（生理需要和心理需要）的行为都可称为性行为。

关于性心理，心理学辞典上这样定义："性心理是医学心理学等学科研究课题之一。狭义指在性情景刺激下的男女性交过程中各种心理反应；广义指所有涉及'性'的观念或意识。性心理形成与性成熟有关，也受社会环境、文化因素、个人经历和人格类型的影响。其内容大致有：性生理心理、性生育心理、性临床心理、性病理心理、性治疗心理、性社会心理、性卫生心理、性犯罪心理、性教育心理等。另可具体划分3种类型：①性生理心理。即男女两性在遗传、解剖、生理特征及演变过程中产生的心理类型。②性个体心理。即男女两性在具体性情景刺激下各种心理体验，如兴奋、满足、愉快或忧郁、沮丧、焦虑、恐惧等。③性角色心理。即男女两性在有关性的社会位置中表现出的各种性行为形式，如求偶、恋爱、婚姻、家庭等方面的性心理。"可见，性心理是性的一个重要内容，性心理与性一样，是整个人生不可缺少的组成部分，在人生发展的不同阶段，都会涉及不同的性心理问题。性心理问题也会涉及性生理、性伦理道德、性教育，等等方面。

知识链接

我国性科学的发展

我国古代的性科学萌发于远古商周，筑基于春秋周秦，鼎盛于两汉隋唐，已有数千年历史。其理论基础是作为本体论的《周易》阴阳论和"食色性也"（《孟子·告子》）的坦荡人性论。我国性科学的一些理论和知识分散在历代道家和中医学的典籍中，其中最有代表性的是房中术。现在我们所能见到的最早的性科学著作，是从20世纪70年代马王堆汉墓出土文物中得到的。其中涉及房中术的有《十问》、《合阴阳》和《天下至道论》等节。以后历代的道家和医家对房中术的研究都不断有新的发展和贡献。如晋代葛洪的《抱朴子》、唐代孙思邈的《备急千金要方》、明代张介宾的《类经》和《景岳全书》等。可以说我国古代性科学研究是处于世界领先地位的。

我国的近代性科学启蒙是引入西方性心理学和性教育学观念而发展的。早在20世纪20年代，一批接受西方思想影响的中国先进知识分子就在国内宣传新的性观念，提倡性教育。他们一方面猛烈抨击封建礼教对妇女的残酷迫害，如鲁迅、胡适等人；另一方面搞调查，出书刊，身体力行提倡新型的性教育。1909年鲁迅先生首次在浙江初级师范，向青年学生讲述生殖系统的解剖生理学；1925年，周建人发表了《性教育的几条原理》；1926年，北京大学教授张竞生正式出版了他所征集的《性史》第一集；1939~1946年潘光旦教授翻译并出版了英国霭理士的《性心理学》。他们的这些活动，都为当时的中国性科学与性教育的发展起了很好的启蒙作用。然而我国近现代性科学的这些启蒙工作因受到社会上旧观念、旧势力的阻挠，又因国家处于长期战乱的时代，社会无暇顾及对这些新思想、新文化的消化与吸收，因而在实践上没能取得什么效果。

1949年新中国成立，结束了困扰中国社会的战乱状态，实现了国家的统一和团结，开始了大规模的经济文化建设，这就为性科学的发展创造了十分有利的基础条件。新中国的领导人都很重视性科学与性教育的发展，特别是周恩来总理，十分重视对青少年的青春期教育问题，他曾多次指示，并亲自嘱咐中国的医学家吴阶平、叶恭绍等教授，要用移风易俗的精神把青少年的青春期教育抓起来，但终因"左倾"思潮的干扰，这些指示并未完全得到彻底落实。20世纪80年代，中国进入改革开放新时期，性科学才真正迎来自己的春天。1983年吴阶平院士集中了当时国内外最新的科学研究成果编译出版了《性医学》，从此，中国现代意义上的性科学研究和性健康教育才进入蓬勃兴起的新历史时期。全国涌现了一大批从事性科学研究的科研机构和学术团体，并初步推出了一批有影响的研究成果，如刘达临教授的《中国古代性文化》、潘绥铭教授的《中国人的性行为调查》、史成礼教授的《敦煌性文化研究》、李银河研究员对性社会学的研究等。国外有影响的性科学成果，也纷纷被引进和介绍，霭理士、弗洛伊德、金赛、马斯特斯、约翰逊等著名学者和他们的学术观点，也为愈来愈多的中国人所知晓。1994年12月，在多年筹备和酝酿的基础上，国家卫生部和民政部正式批准，中国性学会成立了，各省市性学会也纷纷相继成立，对中国性科学事业的发展发挥了更大的促进与推动作用。随着人们观念的进一步转变，性健康教育，特别是学校的青春期教育开始走上正轨，受到学生、家长和老师们的广泛欢迎和社会各界的普遍关注。

资料来源：潘晓明.中国性科学发展蓝皮书 [M].北京：北京大学医学出版社，2010.

二、大学生常见的性心理问题及调适方法

谈性色变，性的有关问题也总让我们感到焦虑，焦虑的原因多数属于性价值观的不合理。当我们能恰当认识并调整性心理背后的观念时，问题也就迎刃而解了。

1. 性生理上的困惑

（1）性体象的困扰。进入青春期后，男生和女生的体象发生了很大变化。男生希望自己身材高大，体魄强壮，音调浑厚，拥有男性磁力，以吸引女生；女生则希望自己容貌美丽，体型苗条，乳房丰满，音调柔美，以此来显示女性魅力，吸引男生。然而，当他们的体征不如己意时，就常出现烦恼和焦虑。

（2）遗精恐惧与月经的困扰。遗精是男性性成熟的表现和未婚男青年的正常生理现象。男性进入青春期后，睾丸就开始制造出精子，到18~20岁左右达到高峰，"精满则自溢"。尽管已经有较多的书刊宣传遗精是正常的生理现象，但仍有相当一部分大学生对遗精有不正确的认知和心理反应，认为一滴精，十滴血，损失精液，大伤元气。事实上，正常男性一次射精量为1~6毫升，排精后，只要休息规律、饮食得当，一般1~2天后，精液就能补充到正常范围。

所以，第一，要正确认识遗精现象，顺其自然；第二，一旦发生遗精，要及时清洗内裤、床单和性器官，以保持卫生；第三，应多参加文体活动，丰富兴趣，不看色情的书刊、录像，同时避免穿太紧的内裤、盖太重的被子，以减少性刺激；第四，遗精的次数有多有少，并不规则，有时一两个月一次，有时一星期2次，这都属于正常现象，如果遗精过于频繁，如一夜数次或一有性冲动甚至无性冲动就精液外流，就应去医院检查，及时诊治。

女性的月经期及来月经的前几天是女性生理曲线的低潮期，身体的耐受性和灵活力下降，易疲劳。这些都是正常的生理反应，但确实会给女性带来一些不适的感受，这的确是一个需要加倍体贴的"特殊时期"。有些女生过于担心经期的不舒服，这些消极暗示会加重自身情绪的低落和躯体的不适感，甚至造成恶性循环。

2. 性认知上的偏差

不少大学生对"性"持有不正确的认识，视性是下流的、肮脏的、见不得人的、难以启齿的，等等。一些大学生表现出与年龄不相吻合的性"纯洁"，她们把性欲与爱情完全割裂开来，往往容易导致性适应不良，乃至影响恋爱和婚后生活。也有极少数的大学生过于强调性的生物性，信奉"性自由"、"性解放"，从而在行为上随便、放纵，甚至不择手段地去获得性的满足，这同样是一种性适应不良。

为此，大学生一方面要认识性的自然属性，"食色性也"，性乃是人性的表现，学习、掌握性知识是大学生身心发展的需要，大学生应具有与年龄和文化程度相吻合的性知识水平和性行为方式；另一方面也要认识性的社会属性，性是自然属性和社会属性的完整统一，因而人的性观念和性行为应符合社会规范。性禁忌和性放纵都是有害于心理卫生，有悖于人性的。

3. 性冲动的困扰

性冲动是男女大学生生理、心理的正常反应，它是在性激素作用下和外界刺激下产生的，并不是不纯洁、不道德或可耻的，但不少大学生却难以接受自己的性欲、性冲动。一方面是性的自然冲动，另一方面是对性冲动的否定、批判的态度，于是就形成了深刻的矛盾。不少大学生常为这样一种矛盾而不安、迷惑；即一方面他们对异性抱有美好的情感，追求纯洁的爱情；另一方面，又常有赤裸裸的性欲望、充满肉欲的性幻想，这尤其表现在一些男生中，正如心理学家指出的："'龌龊的'性欲和关于美好的恋人的'高尚'理想可能同时存在于同一个人的意识中。"

大学生对性冲动的适应首先应接受其自然性和合理性。越是不能接受，越压抑就越是矛盾，性冲动有时就表现得越强烈、顽固甚至病态；其次，应通过学习、工作和活动以及男女交往等多种合理途径使生理能量得到释放、代偿、升华以及有效地转移；再次，陶冶情操、接受科学的性教育等，对于调节性冲动有很大帮助；最后，认识到性心理调节是必要的也是可能的，引起性适应困难的，与其说是性没能满足，不如说主要与个体的性认知方式和性适应模式有关。事实上，绝大多数的大学生都能正确地、健康地调节性欲，并在这一过程中实现人格的完善。

4. 性变态行为

性变态行为是指不正常的性行为，通常指性冲动障碍和性对象的歪曲。主要包括窥淫癖、露阴癖、摩擦癖、施虐狂、被虐狂、同性恋、自恋癖、异装癖、恋物癖、易性癖等。大学生中的性变态行为多属"窥视倾向"和"恋物倾向"，是由于正常的性对象、性方式的需求不能满足而导致的一种补偿性性行为，是性压抑的一种宣泄方式，因而多属正常心理范围内的偏差。有这类行为倾向的人往往很少与异性进行交往，个性内向孤僻，内心冲突明显，性压抑较严重。改变窥视、恋物行为的重点是增加与异性的交往，丰富兴趣爱好，培养大胆开朗的个性，增强性道德观念和意志品质。

5. 性自慰焦虑

性自慰，又名"手淫"，指用手或物等刺激自己的生殖器以引起性快慰，获得性满足的行为。对 600 名男大学生的调查，有一次以上手淫者占 79.5%，习惯性手淫者占 17.5%。然而，大学生中有许多人对手淫持有不当的认识和情感。对 319 名大学生的调查发现，认为手淫有伤身体的占 57%，难为情的 43%，会导致阳痿、早泄的 28%，下流的 21%，罪恶的 14%。一方面是手淫人数之多，另一方面是许多人对手淫持有的有害观念。其实质是，自慰行为本身既不会导致生理上的不良适应，也不会引起心理危机，并且偶尔自慰是无害的且有助于缓解性冲动的，但过度自慰会引起性欲增强，性冲动加快、加重，反而达不到原来的释放目的。

然而，一个"淫"字加之对性自慰的错误认识，使许多有此行为的大学生进入了一种负罪、羞耻、伤身、内心恐惧、自我厌恶、担忧等情绪中。而这种种因素的积累便又成为性自慰、性焦虑的主要心理原因。

对此应加强自我认识，不要过分自责、自卑，从而减轻心理压力。要顺其自然，要进行合理的自我保健，要保持心情舒畅，培养广泛的兴趣爱好，养成良好的生活习惯，并通过合理地安排学习和多种有益身心的文娱活动，来加强人际交往。与此同时，接受正常的性教育和性意识，消除性自慰所带来的心理压力和焦虑，最终实现身心的全面健康。

6. 性骚扰

所谓"性骚扰"，是指对异性进行性方面的语言挑逗、调戏或流氓行为，使对方的情感受到伤害。有效地防止性骚扰，要做到以下几点：首先，要建立坚强的心理防线，对性骚扰采取鲜明的态度，坚决拒绝，同时在处理具体问题时，既要坚持原则又要注意分寸和讲究方法；其次，要注意自尊、自爱、自立，衣着、行为要得体，这样可以减少诱发性骚扰的概率；最后，要提高自我防卫能力和手段，以应付某些特殊问题的发生，对于情节恶劣的性骚扰要毫不手软地予以还击。

三、大学生性病、艾滋病的预防

性病、艾滋病似乎离我们很远，但目前性传播疾病的速度也很惊人，对人体的伤害也极为严重，我们很有必要了解性病的知识，从而预防性病发生。

1. 什么是性病和艾滋病

1975 年世界卫生组织（WHO）决定用性传播疾病（Sexually Transmitted Disease）这一概念来取代过去的"性病"一词。把凡是通过性行为，包括生殖器的性行为和类似的行为接触而发生的传染疾病称为性传播疾病，我们习惯将之称为性病。它包括：淋病、软下疳、尖锐湿疣、生殖器疱疹、梅毒、非淋菌性尿道炎和滴虫病等。

艾滋病全称为获得性免疫缺陷综合征（AIDS）。这种病是由一种名为"人类免疫缺陷病毒"，又称为艾滋病毒的致病微生物所导致的性传播疾病。这种病主要损害人体免疫系统，破坏人体的抵抗力，使患者容易得上一些普通人不容易发生的严重传染病和恶性肿瘤，最后导致病人死亡。由于这种病是当代对人类威胁最严重的性传播疾病，因此被西方称为"20 世纪的新瘟疫"——"超级癌症"。

2. 性病、艾滋病的危害

性病、艾滋病严重地摧残着人们的身体，吞噬着人们的生命，给人类的发展带来巨大的灾难。性病、艾滋病的危害主要有：

（1）损害人们肌体健康。性传播疾病能够导致病人的皮肤溃烂，生殖器发炎，还会造成骨骼疾病、眼科疾病、心脏病、心血管病和神经系统等疾病，还可并发肝炎、肾病等。性传播疾病会造成女性不育症，导致女性生育能力的丧失。

（2）吞噬人类的生命。性传播疾病会直接导致癌症的发生，直接威胁人们的生命，性传播疾病造成的性器官损伤是艾滋病病毒感染的直接途径。艾滋病的治愈率很低。医学专家认为，艾滋病患者，50%将在确诊后 18 个月死去；80%将在 36 个月中死去。

（3）威胁后代的延续。性传播疾病和艾滋病不仅使本人遭受疾病的折磨，而且还会通过妇女怀孕，把罪恶的病毒传给无辜的婴儿。同时，母乳喂养，也会使受艾滋病病毒感染的母亲把病毒通过乳汁传给婴儿。医学专家统计，受艾滋病病毒感染的婴儿存活时间一般不超过 2~3 年。据统计，全世界有 300 万婴儿在出生时就感染了艾滋病病毒，许多儿童很快发展为艾滋病，几年之内就丧失了生命。

3. 性病、艾滋病的预防

艾滋病正在全球疯狂地肆虐。据统计，艾滋病的感染率正在以每年出现 16000 个新感染者的速度增长。在感染者当中青少年男性占了大多数。为了我们的身心健康，为了中华民族的繁荣、昌盛，为了我国现代化事业的不断发展，大学生应当积极参加性病、艾滋病的预防。

（1）要人格健康。大学生们应当不断完善自己的人格，学会自尊、自爱和自信，拥有积极进取的人生态度和健康的生活方式，同时也能尊重他人的人格，遵守性道德、有效地控制自己的性行为，对自己、他人、社会负起责任。

（2）要洁身自爱。大学生要倡导性纯洁，减少婚前性行为和婚外性行为的发生，这不仅可以有效地预防性病、艾滋病的传播，而且也能使人们享受到真正的性爱。同时，大学生应当拒绝各种媒体中的性污染，减少不良的性刺激。

（3）要预防宣传。性健康是一个民族兴衰的大事，普及宣传性病、艾滋病预防知识，使青少年了解性病、艾滋病的传播是预防性传播疾病的重要工作。同时，宣传教育的目的也是为了建立一种正确对待性传播疾病的态度，防止对艾滋病人产生恐惧和歧视心理。大学生们应当积极参与预防性病、艾滋病的宣传教育活动。

 **知识链接**

人类的性道德标准

研究性问题的社会学家、心理学家将人类的性道德标准大致归纳为如下 4 点：

1. 相爱的原则

人类具有高级的思想和情感，人类的性爱在某一阶段或时期只能钟情于某一个特定的异性，这是人类性道德最核心最本质的原则，任何违背这一根本原则的性活动都是不道德的。

2. 无伤原则

这一原则是指性活动不伤害他人和不违背社会道德，不伤害性伴侣的身心健康。现今的一些大学生认可婚前性行为并付诸实际，其后果对社会、对当事人都可能会造成一些或大或小的伤害，不仅违背了无伤原则，也影响其生理或心理上的健康。

3. 自愿原则

性活动应建立在双方完全自愿的基础上。

4. 婚姻缔约的原则

社会是由于具有各种规范、法制而存在的，性的社会性及其文化意义决定了性行为同样需要由道德规范和法律来制约。也就是说，人类对两性生活的欲求，只能通过婚姻这条途径去实现和满足才是符合性道德的原则的，而绝不能是其他的形式。

资料来源：http://baike.baidu.com/link?url=Ytm1nEB_XsH9dM2Cy5lLkPO6eXayd3q6LGNBmMJO350h0E-WOXutQGx2030VXrWEn.

【回顾与思考】

1. 小组讨论：大学生恋爱中常见的心理困扰，并说明如何树立正确的恋爱观？

2. 想一想自身具备哪些爱的能力，如何进一步培养自己恋爱的能力？

3. 小组讨论：大学生常见的性心理问题及调适方法？

4. 什么是性病和艾滋病？如何预防性病和艾滋病？

【拓展训练】

自我测试

1. 测试1

测测你的恋爱观

正确的恋爱观是爱情幸福的源泉。请回答下列问题，并将总分值与结果对照。

(1) 对爱情的幻想是：

a. 具有令人神往的浪漫色彩（2分）

b. 能满足自己的情欲（1分）

c. 使人振奋向上（3分）

d. 没想过（0分）

(2) 希望恋爱如何开始：

a. 在工作或学习中逐渐产生（3分）

b. 从小青梅竹马（2分）

c. 一见钟情，卿我难分（1分）

d. 随便（1分）

(3) 对未来妻子的主要要求是：

a. 善于理家（2分）

b. 别人都称赞她的美貌（1分）

c. 顺从你的意见（1分）

d. 能在多方面帮助你（3分）

（4）对未来丈夫的要求是：

a. 有钱有地位（0分）

b. 为人正直、有上进心（3分）

c. 不嗜烟酒，体贴自己（2分）

d. 英俊、有风度（1分）

（5）巩固爱情的最好途径是：

a. 满足对方的物质要求（1分）

b. 用甜言蜜语讨好对方（0分）

c. 对对方言听计从（2分）

d. 努力使自己变得更完美（3分）

（6）在下列爱情格言中，你最喜欢：

a. 生命诚可贵，爱情价更高（2分）

b. 爱情的意义在于互相提高（3分）

c. 有福共享，有难同当（2分）

d. 为了爱，我什么都愿干（1分）

（7）希望恋人和你在兴趣爱好上：

a. 完全一致（2分）

b. 虽不一致，但能互相联系（3分）

c. 服从自己的兴趣（1分）

d. 没想过（0分）

（8）对恋爱中的意外曲折怎样看：

a. 最好不要出现（1分）

b. 自认倒霉（2分）

c. 想办法分手（0分）

d. 把它作为对爱情的考验（3分）

（9）发现恋人的缺点时，你是：

a. 无所谓（1分）

b. 嫌弃对方（0分）

c. 内心十分痛苦（2分）

d. 帮助对方改进（3分）

（10）你对家庭的向往是：

a. 能同爱人天天在一起（2分）

b. 人生有个归宿（1分）

c. 能享受天伦之乐（1分）

d. 激励对生活的追求 (3分)

(11) 自己有一位异性朋友, 你是:

a. 征得对方同意才继续交往 (3分)

b. 让对方知道, 但不许干涉 (2分)

c. 不告诉对方, 认为是自己的权利 (1分)

d. 因对方态度而决定是否告知 (1分)

(12) 看到一位比对方更好的异性, 你是:

a. 讨好对方 (0分)

b. 保持友谊, 必要时再作说明 (3分)

c. 十分冷淡 (2分)

d. 听之任之 (1分)

(13) 当你迟迟找不到理想的恋人时, 你是:

a. 反省自己的择恋标准是否实际 (3分)

b. 一如既往 (2分)

c. 心灰意冷, 对婚姻感到绝望 (0分)

d. 随便找一个算了 (2分)

(14) 当所爱的恋人不爱你时, 你是:

a. 愉快地同对方分手 (3分)

b. 毁坏对方的名誉 (0分)

c. 千方百计缠住对方 (1分)

d. 不知所措 (1分)

(15) 恋人做出对不起你的事时, 你是:

a. 采取报复措施 (0分)

b. 到处诉说对方的不是 (1分)

c. 只当自己瞎了眼 (2分)

d. 从中吸取教训 (3分)

(16) 认为理想的婚礼是:

a. 能留下美好而有意义的回忆 (3分)

b. 有排场, 为别人所羡慕 (0分)

c. 亲朋满座, 热闹非凡 (2分)

d. 双方父母满意 (1分)

结果分析:

0~24分: 恋爱观尚未确立, 正处于游移不定之中。需要尽快确立自己的恋爱观。

25~36分：恋爱观不够正确，需要注意改进。

37~42分：恋爱观处于一般水平。

43~48分：恋爱观非常正确，值得坚持。

2. 测试2

是友情还是爱情？

下面我们来做做这套区别友情与爱情的试题。大家对友情和爱情的区分就会有较感性的思考了！

（1）友情测试题：

● 当我和他（她）在一起时，我们几乎是在同样的心境中

● 我认为和他（她）通常是合得来的

● 我会极力推荐他（她）去担任要职

● 在我看来，他（她）是一个不多见的成熟的人

● 我对他（她）极好的判断力非常钦佩

● 经过短暂的交往，大多数人就会对他（她）产生好印象

● 我认为我和他（她）彼此十分相像

● 在班级或小组选举中，我会投他（她）的票

● 我认为他（她）是那种能迅速赢得尊重的人之一

● 我觉得他（她）是一个极聪明的人

● 他（她）是我认识的最喜欢的人之一

● 他（她）是我自己也想成为的那种人

● 在我看来，他（她）似乎很容易引起别人的钦佩

（2）爱情测试题：

● 如果他（她）觉得不开心，我的第一个责任就是使他（她）高兴起来

● 我觉得事实上我能向他（她）吐露任何秘密

● 我发现很容易忽略他（她）的过错

● 为他（她），我几乎可以做任何事情

● 对他（她），我有占有欲

● 如果我再也不能跟他（她）在一起，我会觉得非常伤心

● 如果我非常孤独，我的第一个想法就是去找到他（她）

● 我对他（她）最关心的一点就是他（她）的幸福

● 实际上我可以宽恕他（她）的一切

● 我觉得对他（她）的健康负有责任

● 当我跟他（她）在一起时，大部分时间只是盯着他（她）看

● 能被他（她）信任，我会觉得十分快乐

● 对我来说，没有他（她）就很难生活下去

【推荐阅读】

1. 阅读《亲密关系》（第 5 版）．〔美〕罗兰·米勒（Rowland Miller），丹尼尔·珀尔曼（Daniel Perlman）著．王伟平译．北京：人民邮电出版社，2011.

爱情是人类情感中最美妙的一种体验，古今中外关于爱情的伟大文学作品有许多，但从心理学角度对两性关系进行科学而系统总结的专著尚为数不多，《亲密关系》就是其中一本。这本书从一出现，就立即获得读者的普遍喜爱，不仅得到了专业人士的首肯，更是得到普通读者的高度评价。作者综合了心理学多个分支的研究理论和成果，用饶有趣味的论述，总结出人们在交往与沟通、爱情与承诺、婚姻与性爱、嫉妒与背叛等方面的行为特点和规律。该书内容丰富、语言优美，既注重专业性，又强调可读性。研究亲密关系的专业人士可以从中得到学习和参考。而对于社会大众来说，只要他（她）想获得一份满意的亲密关系，都可以从中得到启发。

2. 阅读《爱上双人舞》（第 2 版）．李中莹著．北京：世界图书出版公司，2011.

成功的婚姻，就像是配合默契的双人舞……华人世界的国际级 NLP 大师、过激著名恋爱、婚姻关系专家李中莹老师为我们倾情撰写了这本与爱有关的心理书。书中讨论了很多人对情感关系及婚姻关系中的错误观点，对很多在这些关系中迷惘或痛苦的人有很大帮助。

第五章　有效情绪调节与管理

学习与行为目标

认识情绪

了解情绪管理对大学生的重要意义

加强情绪管理能力

在一个充满威胁、变化无常的世界里，能够保持心灵的宁静，也许是人类最伟大的骄傲。

——伯特兰·罗素

人的一生都会受情绪的影响，每天都可能在不同的情绪下生活，无论是刚出生的婴儿，还是年近古稀的老人，都会有喜怒哀乐。那么每天陪伴我们的情绪到底是什么呢？对于大学生来说情绪管理有什么重要意义？如何培养大学生的情绪管理能力……带着这些问题，我们开始本章的学习。

第一节　认识情绪

我们每个人每时每刻都伴随着一定的情绪，其实，情绪就像天空中的云，云的多少决定了天空的阴晴，同样，一个人情绪的好坏也决定了一个人的生活状态。那么，什么是情绪？我们的情绪是如何产生的呢？

一、情绪的概念

人的心理世界是纷繁复杂的，同样人的情绪也是多样变化的，所以关于情绪的概念至今没有取得一致的意见。在《新华字典》里，情绪是指外界事物所引起的爱、憎、愉快、不愉快、惧怕等的心理状态；在《牛津英语字典》里，情绪是"心灵、感觉或感情的激动或骚动，泛指任何激越或兴奋的心理状态"。

最早的法语字典之一《菲勒蒂埃（1690）》给"情绪"的定义为"情绪：震撼身体或精神的不寻常活动，它们可以令人不安，影响食欲。以发烧开始，以脉搏变得有点儿激动而告终。当我们进行较剧烈的活动后，我们会感到浑身充满情绪。情人见到自己心爱的人时，有情绪；一个胆小鬼见到敌人时，也会有情绪"。

现在普遍认为，情绪是人对客观事物的态度体验及相应的行为反应，也即是以个体的愿望和需要为中介的一种心理活动。具体说来，情绪具有以下特点：

1. 情绪的产生以需要为中介

情绪是客观事物与人的需要之间的关系的反映。客观事物是否能引起人的情绪体验，是以人的需要为中介的。凡是能满足人的需要或符合人的愿望、观点的客观事物，就使人产生愉快、喜爱等肯定的情绪体验；凡是不符合人的需要或违背人的愿望、观点的客观事物，就使人产生烦闷、厌恶等否定的情绪体验。

2. 情绪由环境中的种种事物所引起

世界上没有无缘无故的爱和恨。人的情绪不是凭空产生的，而是由环境中的种种事物引起的。在社会生活实践中，人们为了生存和发展，要接触自然和社会环境中的种种事物。这些事物对人具有不同的意义，因而人对其便抱有不同的态度，从而就产生了种种不同的体验。

3. 情绪是人的主观体验

"体验"是情绪的基本特征。由刺激情境引起的各种情绪体验，只有当事人才能真正体验得到。

4. 情绪状态不易自我控制

情绪经验的产生，虽然与一个人的认知有关，但在情绪状态下伴随产生的生理变化及行为反应，当事人往往难以控制。

二、情绪的分类

根据情绪的复杂性划分，可以分为基本情绪和复合情绪。基本情绪是指人类中最基本、最普遍存在的情绪。这些基本情绪是先天的，它们都有独特的神经生理机制，是人与动物共有的，例如快乐、愤怒、恐惧等。复合情绪则是人特有的一种心理活动，顾名思义它是由基本情绪组合而成的。大多数复合情绪比较复杂，很难被命名。也有一些复合情绪是可以被命名的，例如痛苦、内疚、愤怒、恐惧组成焦虑；厌恶、愤怒、轻蔑组成敌意。

 **活动探索**

我演你猜

1. 目的

了解情绪的类别及健康情绪。

2. 材料

情绪卡片。

3. 操作

（1）准备 6 张"情绪卡片"，卡片上分别写上"喜、怒、哀、惧、爱、恶（厌恶）"。

（2）学生 2 个人 1 小组随机抽出一张卡片，用表情、动作等非语言信息表达卡片上所写的情绪，不能用言语表达。让另一个同学猜测台上的同学要表达什么情绪。

（3）请同学表演 6 张"情绪卡片"上所写的内容。

（4）讨论。情绪有好坏之分吗？为什么？

根据情绪的状态划分，可以分为心境、激情和应激。

心境（Mood）是一种比较微弱而持久的情绪状态。自然环境的变化、工作的成败、人际关系和谐与否、个人的健康状况等都可能引发某种心境。例如在生病的时候，会因为病痛的折磨使人产生烦躁的心境；在得知考上研究生的时候，会因为自己的理想得以实现，使人产生愉悦的心境，这就是俗话说的"人逢喜事精神爽"。心境持续的时间也各不相同，这取决于客观刺激的性质和个体的人格特征，短则几个小时，长则几个月或者更长。通过研究，我们发现重要的生活事件和内向的性格特征都可能导致更持久的心境。积极乐观的生活态度能够保持良好的心境，有利于个人更好地应对各种事件，因此要想在生活、工作、学习中充满效率，就要保持积极、乐观的心境。

激情（Intense Emotion）是一种短暂、强烈、具有爆发性的情绪状态。像欣喜若狂、悲痛欲绝、恐惧万分等通常都是由对个体具有重要意义的事件引发的情绪表现。在激情状态下，人的理解力下降，分析能力受到抑制，自我控制能力减弱，甚至使人失去行为控制力。同时，激情也有积极和消极之分。积极的激情可以使人全身心投入到某一事件中并顺利完成；消极的激情则会产生一些危害性的后果。例如，在奥运会的赛场上，运动员会充分调动激情，激发个人潜能，赛出好成绩；也有人因为控制不好情绪，在愤怒情绪的驱使下，一时性起，做出一些不理智的甚至是破坏性的行为。

应激（Stress）是一种由出乎意料的环境刺激所引发的高度紧张的情绪状态。突如其来的紧急事故，如火灾、地震、车祸、亲人意外死亡等都会引起人们的应激状态。应激状态也有积极和消极之分。积极的应激，可以帮助人们从容应对突发事件，从而摆脱困境；消极的应激，表现为应对突发事件时手忙脚乱，不知所措，难以应对。有研究表明，应激会引起适应性综合征的发生，并出现警觉阶段、阻抗阶段、衰竭阶段等系列症状。警觉阶段，由于刺激的突然出现，产生情绪的强烈震撼，体温、血压下降，肌肉松弛，个体缺乏适应能力。继而肾上腺素分泌增加，全身生理功能增加，进行适应性防御。阻抗阶段，全身代谢水平提高，肝脏大量释放血糖，个体生理功能大致恢复正常，但若压力持续下去，机体的适应能力有限，最后进入第三阶段。衰竭阶段，个体适应能力丧失，精疲力竭，陷入崩溃状态。

三、情绪的表现形式

情绪的外部表现叫表情。表情主要包括面部表情、姿态表情、语调表情。

1. 面部表情

面部表情（Facial Expression）是指通过眼部肌肉、颜面肌肉和口部肌肉的变化来表现各种情绪状态。人的眼睛是最善于传情的，不同的眼神可以表达人的各

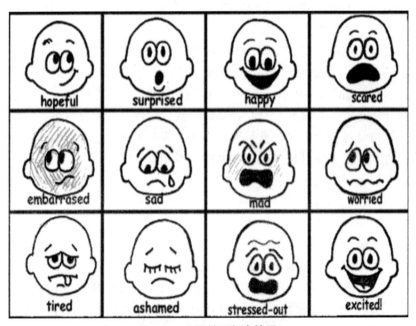

图 5-1　不同的面部表情图

种不同的情绪和情感。例如，高兴和兴奋时"眉开眼笑"，气愤时"怒目而视"，恐惧时"目瞪口呆"，悲伤时"两眼无光"，惊奇时"双目凝视"等（如图 5-1 所示）。眼睛不仅能传达感情，而且可以交流思想。人与人之间往往有许多事情只能意会，不能或不便言传，在这种情况下，通过观察人的眼神可以了解他（她）的内心思想和愿望，推知他们的态度：赞成还是反对、接受还是拒绝、喜欢还是不喜欢、真诚还是虚假等。可见，眼神是一种十分重要的非语言交往手段。

2. 姿态表情

姿态表情可分成身体表情和手势表情两种。

身体表情（Body Expression）是表达情绪的方式之一。人在不同的情绪状态下，身体姿态会发生不同的变化，如高兴时"捧腹大笑"，恐惧时"紧缩双肩"，紧张时"坐立不安"等。举手投足、两手叉腰、双腿起胯等身体姿势都可表达个人的某种情绪（如图 5-2 所示）。

图 5-2　不同的身体表情图

手势表情（Gesture）常常是表达情绪的一种重要形式。手势通过和语言一起使用，表达赞成还是反对、接纳还是拒绝、喜欢还是厌恶等态度和思想。手势也可以单独用来表达情绪、思想，或作出指示。在无法用言语沟通的条件下，单凭手势也可以表达开始或停止、前进或后退、同意或反对等思想感情。心理学家的研究表明，手势表情是通过学习得来的。它不仅存在个别差异，而且存在民族或团体差异。后者表现了社会文化和传统习惯的影响。同一种手势在不同的民族中用来表达的情绪也不同。

3. 语调表情

语调表情（Intonation Expression）是情绪表达的最为直接和有效的方式。当我们比较高兴时，我们通常用语调高、语速快的言语表达；当我们比较悲伤时，我们通常用低沉、缓慢的言语进行表达。

四、情绪的功能

情绪与我们形影不离。积极的情绪能让我们思路开阔，身心愉悦；消极的情绪会让我们意识狭窄，萎靡不振。情绪功能主要包括适应功能、动机功能、组织功能、信号功能。

1. 适应功能

情绪是有机体适应生存和发展的一种重要方式。如动物遇到危险时产生怕的呼救，就是动物求生的一种手段。婴儿主要依靠情绪来传递信息，与成人进行交流，得到成人的哺育。在成人的生活中，情绪与人的基本适应行为有关，包括攻击行为、躲避行为、寻求舒适、帮助别人和生殖行为，等等。这些行为有助于人的生存及成功地适应周围的环境（Plutchik，2003）。

2. 动机功能

适度的情绪兴奋，可以使身心处于活动的最佳状态，进而推动人们有效地完成工作任务。情绪具有激励作用，能够以一种与生理性动机或社会性动机相同的方式激发和引导行为。有时我们会努力去做某件事，只因为这件事能够给我们带来愉快与喜悦。从情绪的动力性特征看，情绪分为积极增力的情绪和消极减力的情绪。快乐、热爱、自信等积极增力的情绪会提高人们的活动能力，而恐惧、痛苦、自卑等消极减力的情绪则会降低人们活动的积极性。有些情绪同时兼具增力和减力2种动力性质，如悲痛可以使人消沉，也可以使人化悲痛为力量。个体的情绪表现还常被视为动机的重要指标。由于情绪可能与动机引发的行为同时出现，情绪的表达能够直接反映个体内在动机的强度与方向，因此情绪也被视为动机潜力分析的指标，即对动机的认识可以通过对情绪的辨别与分析来实现。

3. 组织功能

情绪心理学家认为，情绪作为脑内的一个检测系统，对其他心理活动具有组织的作用。这种作用表现在积极情绪的协调、组织作用，消极情绪的破坏、瓦解作用。一般而言，中等强度的愉快情绪有利于提高认知活动的效果。情绪的组织功能还表现在影响人的行为上，当人们处在积极、乐观的情绪状态时，易注意事物美好的一面，其行为比较开放，愿意接纳外界的事物。而当人们处在消极的情绪状态时，容易产生失望、悲观或攻击性行为。

4. 信号功能

情绪在人际间具有传递信息、沟通思想的功能。这种功能是通过情绪的外部表现，即表情来实现的。表情具有信号传递作用，属于一种非言语性交际。人们可以凭借一定的表情来传递情绪信息和思想愿望。在社会交往的许多场合，人们之间的思想、愿望、态度、观点，仅靠言语无法充分表达，有时甚至不能言传，只能意会，这时表情就起到了信息交流的作用。其中，面部表情和体态表情更能突破一些距离和场合的限制，发挥独特的沟通作用。

心理学家在对英语国家人们的交往状况进行研究后发现，在日常生活中，55%的信息是靠非言语表情传递的，38%的信息是靠言语表情传递的，只有7%的信息才是靠言语传递的。表情是比言语产生更早的心理现象，在婴儿不会说话之前，主要是靠表情来与他人进行交流的。表情比语言更具生动性、表现力、神秘性和敏感性。特别是在言语信息暧昧不清时，表情往往具有补充作用，人们可以通过表情准确而微妙地表达自己的思想感情，也可以通过表情去辨认对方的态度和内心世界。所以，表情作为情感交流的一种方式，被视为人际关系的纽带。在许多影视作品中，人们用情绪的表露代替了语言的表达，具有"此时无声胜有声"的效果，更具感染力。

五、情绪的理论

关于情绪的理论，比较著名的有情绪的外周理论、坎农—巴德（Cannon-Bard）学说、情绪的认知理论。

1. 情绪的外周理论

美国心理学家詹姆斯（W. James）和丹麦生理学家兰格（Carl Lange）分别提出内容相同的一种情绪理论。他们强调情绪的产生是植物性神经活动的产物。后人称它为情绪的外周理论。即情绪刺激引起身体的生理反应，而生理反应进一步导致情绪体验的产生。詹姆斯提出情绪是对身体变化的知觉。在他看来，是先有机体的生理变化，而后才有情绪。所以悲伤由哭泣引起，恐惧由战栗引起。兰格认为情绪是内脏活动的结果。他特别强调情绪与血管变化的关系。詹姆斯—兰格理论看到了情绪与机体变化的直接关系，强调了植物性神经系统在情绪产生中的作用。但是，他们片面强调植物性神经系统的作用，忽视了中枢神经系统的调节、控制作用，因而引起了很多的争议。

2. 坎农—巴德学说

坎农—巴德学说认为情绪的中枢不在外周神经系统，而在中枢神经系统的丘脑，并且强调大脑对丘脑抑制的解除，使植物性神经活跃起来，加强身体生理的反应，而产生情绪。外界刺激引起感觉器官的神经冲动，传至丘脑，再由丘脑同时向大脑和植物性神经系统发出神经冲动，从而在大脑产生情绪的主观体验而由植物性神经系统产生个体的生理变化。该理论认为，激发情绪的刺激由丘脑进行加工，同时把信息输送到大脑和机体的其他部位，到达大脑皮层的信息产生情绪体验，而到达内脏和骨骼肌肉的信息激活生理反应，因此，身体变化与情绪体验同时发生。

3. 情绪的认知理论

阿诺德（M. R. Arnold）"评定—兴奋"说。美国心理学家阿诺德认为，刺激情景并不直接决定情绪的性质，从刺激出现到情绪的产生，要经过对刺激的估量和评价。情绪产生的基本过程是刺激情景—评估—情绪。同一刺激情景，由于对它的评估不同就会产生不同的情绪反应。情绪的产生是大脑皮层和皮下组织协同活动的结果，大脑皮层的兴奋是情绪行为的最重要的条件。

沙赫特（Stanley Schachter）的两因素情绪理论。美国心理学家沙赫特和辛格（Singer, J.）提出，情绪的产生有 2 个不可缺少的因素：一是个体必须体验到高度的生理唤醒；二是个体必须对生理状态的变化进行认知性的唤醒。情绪状态是由认知过程、生理状态、环境因素在大脑皮层中整合的结果。这可以将上述理论转化为一个工作系统，称为情绪唤醒模型。

拉扎勒斯（Richard S. Lazarus）的认知—评价理论。拉扎勒斯认为情绪是人与环境相互作用的产物。在情绪活动中，人不仅反映环境中的刺激事件对自己的影响，同时要调节自己对于刺激的反应。也就是说，情绪是个体对环境知觉到有害或有益的反应。因此，人们需要不断地评价刺激事件与自身的关系。具体有 3 个层次的评价：初评价、次评价、再评价。

动机—分化理论：该理论萌生于 20 世纪 60 年代，至今已成为很有影响的情绪理论之一。汤姆金斯（Tomkins）和伊扎德（Izard）都认为情绪具有重要的动机性和适应性的功能，汤姆金斯认为，情绪就是动机，他否定了把动机归结为内驱力的看法，着重指出内驱力信号需要一种放大的媒介才能激发有机体去行动，起这种放大作用的正是情绪过程。而且情绪是比内驱力更加灵活和强有力的驱动因素，它本身可以离开内驱力信号而起到动机作用。

伊扎德的动机论则容纳了更复杂的内涵，他提出，情绪是一种基本的动机系统，他从整个人格系统出发建立了情绪—动机体系。伊扎德提出人格具有 6 个子系统：内稳态、内驱力、情绪、知觉、认知、动作。人格子系统组合成 4 种类型的动机结构：内驱力、情绪、情绪—认知相互作用、情绪—认知结构。在这庞大的动机系统中，情绪是核心，无论是与内驱力相联系的情绪，或是同知觉、认知相联系的情绪，抑或是蕴含在人格结构中的情绪特质，都起重要的动机作用。伊扎德进一步指出，情绪的主观成分——体验正是起动机作用的心理机构，各种情绪体验是驱策有机体采取行动的动机力量。

第二节　有效管理情绪

积极的情绪会对大学生产生积极的影响，而消极的情绪会导致大学生意识狭窄，判断力下降，严重的还会导致大学生出现心理问题，进而影响到大学生身心的健康成长。

一、情绪管理的重要意义

狄更斯（Charles Dickens）曾经说过，一个健全的心态比一百种智慧更有力量。情绪的好坏会对大学生学业、人际关系、身心健康成长产生重要影响。

1. 有效的情绪管理是学业成功的关键

大学的生活虽然丰富多彩，但是在 4 年的学校生活中，还应以学习为主。学习取决于认知、情感和动机的相互作用，特别是良好的情绪是学生学习过程中认知活动顺利开展的有力保证。情绪可以影响学生的学习动机，良好的、积极的情绪可以调动学生的学习兴趣，有了兴趣，学习就不会是件枯燥的事了。努力学习换来的优异成绩可以使情绪更加积极、乐观，学习兴趣也会更加浓厚。如果整天被消极情绪所困扰，则很难取得优异成绩。

2. 有效的情绪管理有利于建立良好的人际关系

情绪是作为人特有的一种心理活动，在人际关系中起着信号和表达作用。情绪的信号作用有助于个体对自我情绪的认知、表达和调控，对他人情绪的觉察和把握。情绪的表达作用则通过情绪的外部表现——表情这一特征在人际交往中传递信息、沟通思想，如我们通常用微笑表示赞赏，用摇头表示否定。早在言语发生之前，情绪交流作为人际沟通的手段具有非常重要的意义。例如，婴儿在学会说话之前，与成人交流的唯一途径就是情绪。可见，情绪在人际沟通中起着重要作用。一般来说，具有体验丰富的情绪并能很好地管理情绪的人，将会拥有稳定可靠的人际关系。

3. 有效的情绪管理有利于学生的身心健康

中医认为，七情和五脏的基本关系是：肺主悲，经常哭泣、落泪的人免不了与肺病有关系；心主喜，俗话说心花怒放就是这个意思，然而过喜则伤心；肝主怒，过怒则伤肝，在人非常生气时，常常会感到左右两侧肋也在隐隐作痛，这就是怒伤肝的表现；脾主思，思虑过多则伤脾胃，经常用脑的人，脾胃功能比较差；肾主惊，人受到过度惊吓会影响肾的生理功能。

二、情绪管理能力的培养

加强大学生的情绪管理能力的培养，可以促进大学生的学业进步，有利于他们建立良好的人际关系，增进身心健康。在大学生的情绪管理能力培养中，首先要对情绪产生正确的认知，变消极认知为积极认知，其次要学会合理表达情绪以及宣泄不良情绪。

1. 情绪认知能力的培养

认知在情绪产生中起着重要的作用。认知是否合理、客观，在很大程度上决定着情绪是否正常、适宜。美国临床心理学家阿尔伯特·艾利斯（Albert Ellis）博士指出了人们生活中常持有的 11 种不合理认知和信念：①人应该得到所有人的喜爱和赞许；②一个有价值的人应该在各个方面都比别人强；③犯了错误，就一切都完了，应该受到严厉的惩罚；④任何事情都要按自己的意愿发展，否则就太糟了；⑤情绪是由于外部事件决定的，自己无法控制；⑥总是担心灾祸降临；⑦逃避困难和责任比正视它们要容易得多；⑧人必须依靠他人，尤其要依靠强者；⑨过去事件的影响是无法消除的；⑩任何问题都应有一个圆满的正确答案；⑪一个人应对别人的问题关注和负责。

艾利斯认为，不合理的信念通常具有三个特征。

绝对化的要求：是指人们以自己的意愿为出发点对事物怀有必定发生或不会发生的信念。这是不合理认知中最常见的特征。例如，"因为我对他实在太好了，他没有理由这样对我，我真想不通"、"付出了这么多，却落得这样的结果，太不公平了"。显然，这种信念常与"必须"、"应该"等词语联系在一起。这类信念之所以不合理，是因为凡事总是以自己的意愿为出发点，主观认为事物会按照自己的意愿顺利发展，期望值过高，而且只有"成功"这一种期盼结果。

过分概括化：主要表现为以偏概全的不合理思维方式，它既可以表现为对自身的不合理评价和概括，也可以表现为对别人的不合理评价或概括。如自己在一件事上受挫，便认为自己是"没用"的人了。从一两件事的失利来评价个人的整体价值，甚至是自我否定；同样，看到别人一点过失，就认为人家一无可取，而产生敌意。这种片面的自我否定往往会导致自罪自责、自卑自弃的心理，以及焦虑和抑郁等情绪，而一旦将这种评价转向他人，就会一味地责备别人并产生愤怒和敌意的情绪。

糟糕至极：是指某一件事一旦发生，特别是不良事件发生，便过于担心和悲观，把结果想象得非常糟糕、不幸、可怕，认为前景必定不妙等。这种行为之所以是非理性的，是因为对任何一件事情来说都有比之更坏的情况发生。因此没有一种事情可以被定义为百分之百的糟糕透顶。如果某个人坚持这样的观念，那么当他认为遇到了百分之百的糟糕的事情或比之还糟糕的事情发生时，他就会陷入极度不良的负面情绪体验中。

由于人们的认知不同，对于同样的事件，不同的人往往会出现不同的行为反应。下面举一些经常发生在大学生身上的消极认知及导致的情绪，由此进一步说明认知与情绪之间的关系（如表 5-1 所示）。

表 5-1 消极认知与负面情绪关系表

消极的认知	情绪
你认为自己太笨，没有考上名牌大学，考试不及格，其貌不扬，被异性看不起	悲伤或忧郁
你认为自己一定是伤害了某人或你的生活没有达到你的道德标准，内疚是自责的结果，而羞愧包含着一旦别人发现了你的行为之后，你感到丢脸的担忧	内疚或羞愧
你觉得老师或同学待你不公平，或者经常是在利用你而并非真正的关心你、爱护你	愤怒、烦躁、叫恶和不满
没有达到你期望的要求，你坚持认为，事情应该是另一番景象，它既可以指你自己的表现（"我不该犯那个错误"），也可以指别人的行为（"他应该准时"），或者是某一事件（"为什么每当我快迟到时，交通总是慢吞吞的"）	挫折或沮丧
因为你断定某件坏事即将发生，你相信自己处于危险、尴尬、孤立无助时，如"和男朋友分手了，他要是伤害我可怎么办"、"在全班同学面前发言，我如果说不出话来怎么办呢"	焦虑、担忧、害怕、紧张或恐慌
把自己与全班同学相比，你断定自己不如其他同学，因为你没有别人学习好、工作能力强、长得漂亮、聪明、讨老师喜欢。如"她长得漂亮，学习又好，又会巴结老师和同学，可我呢，长相平平、学习成绩一般，同学都不喜欢我，没有一点值得炫耀的地方"	自卑或无能感
你自以为命中注定自己是不幸的，因为你是孤独的，父母离异，又无法从同学们那里得到足够的爱和关怀，"所以我觉得没有一个人对我好"	孤独感
你确信自己的问题始终存在下去，情况永远不会有所好转，"我是个彻底的失败者"、"我将永远克服不了我的缺点"、"我将永远是一个又矮又胖的人"、"我这辈子永远也不能学习好了"、"我将永远孤独"	绝望或泄气

这些就是消极认知与负面情绪之间的关系。我们往往既愚弄了自己，又给自己带来痛苦，但事实上，我们往往毫不怀疑自己已陷入了那种痛苦和自虐而不能自拔，产生了各种消极的影响。

因此，避免或消除大学生的负面情绪，最有效的引导手段是改变大学生不合理认知，即变消极认知为积极认知。这就要求我们在解释事情的时候，不极端化的思考，不过分强调负面事件的重要性和影响力，不仅要看到消极的一面，更要看到积极的一面。尽可能地以积极认知代替消极认知，从而最大限度地减少消极认知给情绪带来的不良影响。

 **知识链接**

负面情绪的积极意义

积极情绪带给我们开心和快乐，但生活总是起起伏伏，负面情绪也总是伴随我们左右，常常我们想赶走给我们带来麻烦的情绪，使好的心情陪伴我们。但每个负面情绪都有其正面的价值和意义，有的给我们添加力量，有的带领我们走向更美好的方向，有些甚至两者兼备。一切情绪皆有其生存的价值，我们让生命自然的流淌，一切自然地发生。

愤怒：给我们力量去改变一个不能接受的情况。

内心力量不足的人，他们往往需要生活在愤怒里，以维持更多的力量去面对人生。运用愤怒带来的力量去改变外面的人和事物，甚至有助于促使个体用愤怒带来的力量改变自己，学会有条理，学会轻重缓急，找到突破的方向。

痛苦：是对自身的一种保护作用。

痛苦可以指引我们去寻找一个摆脱的方向。从这种意义上讲，痛苦是对自身的一种保护作用而且帮助我们去寻找，去改变。只要有了这个指南针，就会朝着那个方向走下去，逐步摆脱痛苦，就会活得很开心。

焦虑：我需要弄清楚自己的身份与定位。

焦虑提醒我们，被焦虑的这个事情很重要，需要额外地专注和照顾。并且它往往也从潜意识系统告诉我们，已拥有的资料和能力不足够，需添加一些额外的能力。

恐惧：我还有其他选择的可能性。

恐惧的心理意义是不愿付出以为需要付出的代价。它指引我们去寻找，认为需要付出的代价是什么，并用多元思维的方式看到解决一个问题的更多可能性。有时候有勇气并不是没有恐惧，真正的勇气是，虽然有恐惧，但还能继续走下去。

适度的消极情绪能提高判断力和强化记忆，使人不易上当受骗。这是澳大利亚新南威尔士大学的研究人员多次试验得出的结果。研究人员还发现他们在试验中通过电影和回忆高兴或悲伤的往事使被研究者产生积极或消极的情绪，随后他们要求试验对象判断流言的真实性。结果显示，与那些心情愉快的人相比，情绪低落的人不易冲动，也不容易轻信流言。研究还发现，相比那些有积极情绪的人，情绪不好的人在回忆他们亲眼目睹的事件时不太容易出错，且更善于陈述自己的情况。

研究人员表示，积极情绪能激发人的创造力、适应能力和自信心等，但消极情绪会让人精力集中、冷静思考、更加谨慎。因此，在面对困境时，适度的消极情绪反而有利于综合处理各种信息。

资料来源：http://www.rs66.com/a/13/18/1683.html.

 **活动探索**

情绪交通灯

1. 目的

不良情绪的处理。

2. 材料

纸、笔。

3. 操作

（1）头脑风暴，列举描绘情绪的词汇。

（2）将词汇进行归类，并统计正面的情绪与反面的情绪词汇所占的比例。

4. 讨论

积极情绪和消极情绪的作用？消极的情绪是否也有积极的方面？

2. 情绪的合理表达

我们对待自己情绪的总原则包含 2 个方面，即对积极情绪的培养与表达和对消极情绪的抑制与宣泄。积极情绪能够激活一般的行动倾向，激发兴趣，增进效率。积极情绪是心理健康的重要组成部分，同时对身体健康具有促进作用。消极情绪则会降低智力水平，引起行动迟缓和精神疲惫，严重时还会使自我控制力和判断力下降，不利于身心的健康发展。情绪的合理表达对大学生的学习、身心健康和人际关系等的良好发展具有重要意义。合理表达情绪要注意以下几点：

（1）体察自己的真正感受。有些大学生控制不好情绪，一时冲动，做出伤害他人的事情。事后冷静下来则追悔莫及。如果能够清楚地体察到自己当时的情绪感受，就不会因为冲动而控制不好自己的情绪表达。体察自己的真正感受，才能理智地解决问题，避免不必要的麻烦。对于同一件事，不同的人可能产生不一样的情绪感受，那么你自己的感受究竟如何呢？是害怕、担心、厌恶，还是恐惧……只有自己体察到自己的真实感受，才能让别人如实地了解我们的内心世界。

（2）选择适当的时机和对象做情绪表达。时机是否恰当对情绪表达的效果有很大的影响。当对方无暇顾及或聆听时，最好的办法就是换个时间来讨论自己的情绪问题。如果这时候让别人放下正在忙碌的事情，忍受自己的唠叨，想必结果会不如人意。另外，倾诉对象的选择也很重要。如果在某一件事上，自己能够冷静地探讨问题，向引起自己不快的人平和地表达情绪，也能达到让对方理解自己感受的目的。但是如果自己根本无法面对冲突环境，最好选择与此事无关的人来帮助自己从中立的角度看待问题。

（3）清楚具体地做情绪表达。大学生要学会面对情绪时，能够清楚具体地表达出来。让对方了解的方式就是直接告诉他自己的真实感受，让别人有机会接触你的内心，同时也要告诉他你的需要。例如，"我现在心情糟透了，如果你能抽点时间来和我谈谈，我会感觉好些。"由于成长环境和家庭教育的不同，我们每个人都是不同的，周围的人不一定和你有同样的感受，因此需要我们清楚、具体地去表达情绪，最好要让对方有足够的心理准备，不要一开始就抱怨。

（4）"我"信息的使用。生活中我们经常会听到"你又迟到了？""你怎么这么没礼貌？""你这个人总是这么马马虎虎"……以"你怎么怎么样"的情绪表达，就像是用食指指责对方一样，让他人感觉自己正在被攻击、批评和抱怨，因此很难接受。而在情绪表达中使用"我"信息，传递的是一种想和对方分享感受的愿望，目的不是控制对方，而是为自己的情绪做疏导，让别人更多地了解自己，因此更容易让他人接受。"我"信息的表达可以这样来说，①当……的时候（陈述引发情绪的具体事件或言行），如"当你在外面打球的时候，我已经把教室卫生都收拾好了……"②我觉得……（陈述你的感受），如"我觉得独自在教室打扫卫生真的很没劲……"③因为……（陈述引发情绪的理由），如"因为我想让咱们有个良好的学习环境……"

情绪的合理表达目的都是为了让对方能够分享自己的情绪而不是引发新的争端。当对方感觉是在友好的氛围中解决问题时，就意味着大学生正在用合理、有效的方式表达情绪，建立和维持良好的人际关系。

3. 情绪的合理化宣泄

曹操在《短歌行》中提出了一种消除不良情绪的办法，那就是"何以解忧，惟有杜康"。俗话说"借酒浇愁，愁更愁"。用喝酒的方法解决情绪上的问题是不明智的选择。喝酒解忧，不醉不休，在这种情况下最容易引发事端，而且酒精只能起到一时的麻醉作用，根本不利于事情的解决。那么我们应该怎样合理地排解不良情绪呢？

（1）自我暗示法。自我暗示法是指自己通过言语或想象使自己的身心机能发生变化，从而达到自助的效果。其实在我们日常生活中经常会进行自我暗示，例如周末的早上，本来计划好外出郊游，但是早上起来却发现外面下雨了。如果这时你心想："糟糕，天气不好哪儿也去不成了，这该怎么办？闷在家里实在太无聊了……"那么很可能你会在烦闷的情绪中度过这一天。但是如果你认为："今天天气不利于外出，改天再去郊游也好，今天先在家看看书，听听音乐也不错呀……"那么这一天仍然会是愉快的一天。

（2）自我转移法。所谓转移法，就是把自己的注意力、思想和行为转移到其他方面。例如忆喜忘忧，把高兴的事情列出来，并且尽量回忆愉快的情景；听听音乐，沉浸在优美的旋律中，心情也会得到放松；奋发学习，把精力投入到学习、工作中，就不会有时间再去考虑那些令人心烦的事情了。

（3）自我发泄法。消除负面情绪最简单的方法莫过于把它发泄出来。例如受到挫折，心情不快时，可以到 KTV 尽情地大喊大唱，或者找别人倾诉、写日记等。在日本，有些心理咨询和治疗机构，有一些用布做成的各种各样的人，当那些对上级领导或者他人不满而忧虑重重的人来咨询时，心理医生就让他们把那些布人当成自己不满的对象，进行拳打脚踢，用这种方法来发泄心中的不满，取得了很好的效果。

（4）自我冷静分析法。冷静分析法就是指遇到挫折时进行冷静分析，从客观、主观、目标、环境条件等方面找出受挫原因，采取有效的补救措施。我们要学会正确看待自己，面对现实社会，只要我们积极努力，扬长补短，才能不断缩小自己和他人的差距，树立自信心，否则容易形成自卑心理。社会是复杂多变的，我们要正视现实，更不要盲目攀比。

（5）自我美化法。自我美化是指个体用以避免自尊心受损或增加自尊感的过程和结果。自我美化法的过程往往采用向下的社会比较法，有选择地接受反馈法、缺陷补偿法以及乐观分析归因法。

【回顾与思考】

1. 什么是情绪，情绪的表现形式有哪些？
2. 结合自己的实际情况，思考如何做自己情绪的主人？

【拓展训练】

情绪自我评定

1. 情绪自我评定量表。

项　　目	经　常	有　时	很　少	从　不
愤怒				
（1）我对别人隐藏、压抑自己的恼怒				
（2）我和某人生气后，感到后悔				
（3）别人一激，我就忍不住发怒				
（4）我觉得自己对别人发火有害无益				
（5）我遇到过只能用愤怒来做反应的情况				
快乐				
（1）我的学习很枯燥，毫无乐趣可言				
（2）我感到厌倦				
（3）我确实很难专心于学习				
（4）我的学习呈现给我的没有什么新鲜东西				
（5）当我对某事感到兴奋时，就难以保持足够的冷静				
恐惧				
（1）避开某些场景（如飞机和人群），我会感到更舒服				
（2）对于我所害怕的事，我宁愿不理睬				
（3）当我一想到危险时，便难以正常思考				
（4）我觉得要不惜一切代价以避免失败				
（5）对我来说，停止对某事或某人的担忧是很困难的				
信心、信任				
（1）我对自己能否学习好，没有把握				
（2）当别人完成任务的方式与我不同时，我会怀疑自己				
（3）我觉得大多数人唯一感兴趣的是他们自己				
（4）我不愿让别人参与我们做决策或定计划				
（5）我试图向别人隐瞒自己的感情				
嫉妒				
（1）他人的成功似乎是对我的威胁				
（2）当我完成某件事时，我一定要让人们知道				
（3）看到别人获取荣誉，我就感到心烦				
（4）我对别人的错误不能容忍				
（5）我发现竞争比合作更能激励我的下属				
内疚				
（1）我为当替罪羊代人受过而感到委屈				
（2）我为自己的疏忽感到不安，觉得必须弥补这些过失				
（3）我觉得自己错了，但并不知道究竟错在哪里				
（4）我不清楚我的道德标准是什么				
（5）我过分夸大自己犯的小错误				
焦虑				
（1）我被即将发生的麻烦所侵扰，而这些麻烦到底是什么，我并不清楚				
（2）我对自己的长远目标心中没数				

续表

项 目	经 常	有 时	很 少	从 不
(3) 我的压力似乎同时来自四面八方				
(4) 去完成一项我并不熟悉的事,我便感到心神不安				
抑郁				
(1) 我入睡困难,而且容易被吵醒				
(2) 我不能把注意力集中到我的学习上				
(3) 我感到自己不能主宰自己的命运				
(4) 我觉得自己许多成就不该得到的				
(5) 我用不停的活动来使自己摆脱烦恼				

2. 记分方法

经常——5分;有时——3分;很少——1分;从不——0分。

3. 说明

每一部分总分超过15分,表明你应该注意这一方面的情绪。少于5分,表明你在这一方面的情绪很好。

【推荐阅读】

1. 阅读《积极情绪的力量》.弗雷德里克森著.北京:中国人民大学出版社,2010.

我们所关注的情绪、动机、潜质、美感和价值,我们每一个人都不同程度地拥有和追求。在我们对现实生活的热情参与中,在我们对父母长辈的敬爱感激中,在我们对良师益友的欣赏钦佩中,在我们对自然生命的思考敬畏中……我们汲取、生成、充盈和传递着这些幸福健康的活跃元素。而人生的意义正是由这样无数的积极点滴汇聚而成,其中的一些有幸被我们察觉、关注、领悟和珍藏了,这本书帮助我们寻找生活中点滴的积极情感。

2. 阅读《持续的幸福》.塞利格曼著 (Martin E. P. Seligman).杭州:浙江人民出版社,2012.

这本书中的幸福理念是在《真实的幸福》一书的基础上扩充而来的,在书中,塞利格曼具体阐释了构建幸福的具体方法。他提出,实现幸福人生应具有5个元素 (PERMA),即要有积极的情绪 (Positive Emotions)、要全心投入 (Engagement)、要有良好的人际关系 (Relationships)、做的事要有意义和目的 (Meaningand Purpose)、要有成就感 (Accomplishment)。PERMA 不仅能帮助人们笑得更多,感到更满意、满足,还能带来更好的生产力、更多的健康,以及一个和平的世界。

第六章　学习能力与创造思维

学习与行为目标

了解学习与学习影响因素

了解创新能力的思维以及影响创新思维的阻力

学而不思则罔，思而不学则殆。

——孔子

你是否想过下列问题：

（1）什么时间学会走路？如何学会骑自行车？

（2）如何学会说话？怎样记忆单词？

（3）怎样明白许多深奥的哲理？如何学会与人相处？

所有这些技能都是通过学习而获得的。在大学阶段，我们每天都在进行复杂的智力活动，这就需要我们掌握科学的学习方法。

第一节　学会学习

学习是大学生的首要任务，而学会学习则是学习的根本宗旨。在大学期间，掌握尽可能多的专业知识和技能，毕业后找到一份能用己所长的职业，是大学生的共同愿望。而实现这一愿望的前提，则是顺利完成学业。那么顺利完成学业需要哪些条件呢？答案是显而易见的，那就是学会学习。

一、学习的定义

学习是个体在一定环境下由于反复地获得经验而产生的行为或行为潜能的比较持久的变化。一般来讲，学习有广义与狭义之分。广义的学习是指人和动物不断地获得知识经验和技能，形成新习惯，改变自己的行为的较长过程。它是有机体以经验方式引起的对环境相对持久的适应性的心理变化。我们学会了行走、吃饭、奔跑、说话、看书、写字、下棋、炒股等，这种持久地改变使我们能更好地适应生活。从这个定义我们可以看到，学习是人和动物共有的心理现象。学习有不同的水平，各种水平的学习都能引起适应性的变化，而且学习是后天的习得性活动。狭义的学习是指人对客观现实的认识过程。

学习是心理，又是行为；是过程，又是方式；是认识活动，又是实践活动；是"述而不作"，又是述而且作。正因为人类有了学习，才会由茹毛饮血发展为驾驭信息的现代人。人的一生就是学习的一生，学习可以引导人们不断地前进。会学习的人更容易适应环境。

二、影响学习的各类因素

学生的学习活动是一种复杂活动，它既受教师教学的影响，也受学生学习的影响；既受客观环境的影响，又受主观心理因素的影响。仅就学生的心理因素而言，心理学家潘菽指出："任何知识的学习过程，都包含一系列复杂的心理活动，其中有一类是有关学习积极性的，如注意、情感、情绪、意志等；另一类是有关认识活动本身的，如感觉、知觉、记忆、想象与思维等。前者与个性心理特征及学习动机密切相关，它对认识过程及其效果有很大的影响；后者则直接涉及学习本身。"前者主要指非智力因素，后者则为智力因素。

1. 智力因素

学习过程是一种特殊的认识或认知活动，它包括感知和记忆等各种经验，必要时还要辅之以想象和思维。可见，学习活动离不开智力因素的参与。

（1）智力发展的年龄趋势。随着个体年龄的增长，智力发展的速度是不均衡的。个体发展的早期，即婴幼儿时期智力发展最快，以后逐渐减速。早在 20 世纪 20 年代，平特纳（R.Pintner）的研究表明，从出生到 5 岁智力发展最快；5~10 岁的智力发展速度虽不如 5 岁以前，但仍有很大的增长；10~15 岁的智力发展速度减慢；14~16 岁以后智力发展成熟，与以后相比看不出明显的变化。

个体的智力发展不是单调递增的。智力先随着年龄的增长而增长，到一定年龄时，智力趋于停滞，并保持较长时期的稳定，而后又随年龄增长而下降。韦克斯勒（David Wechsler）在编制成人智力量表时，对 1700 人进行的测试结果分析，发现 20~34 岁为智力发展的高峰，以后缓慢下降，60 岁以后迅速下降。

（2）智力发展水平的差异。人的智力水平存在着差异，有的人智力水平高，有的人智力水平低。通常，智力的高度发展称为智力超常或称天才，智力的发展低于一般水平称为智力低下或智力落后，中间分为不同的类别。按韦克斯勒智力分类法，各智力水平类别及人数分布如图 6-1 所示。从中不难看出，人的智力水平是存在差异的，但这种差异对于大多数人来说是很小的。超常（智商在 130 以上）和智力低下（智商在 70 以下）的人极少，绝大多数人属于中等智力水平。

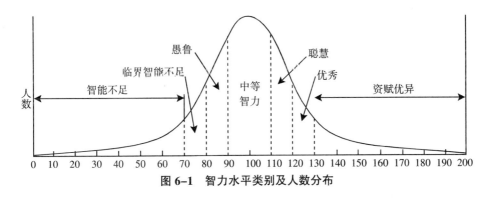

图 6-1　智力水平类别及人数分布

（3）智力差异与学习。智力水平对学习的确有一定的影响，然而，这种影响不是绝对的。智力水平主要是为一个人的学习提供了物质基础和成功的可能性，而最终能否有所成就，关键还要看后天的努力程度、自信心等非智力因素的制约。实际生活中，大部分人的智力水平处于中等水平。

2. 非智力因素

非智力因素则指那些不直接参与认识过程，但对认识过程起直接制约作用的心理因素，主要包括动机、兴趣、情感、意志、气质、性格等。大量研究表明，非智力因素明显影响学生的学习效果。对 121 名学生的高考成绩和他们的智力因素水平及非智力因素水平的研究发现，在具有各种智力因素水平的考生中，非智力因素优秀、高考成绩在录取分数线以上的人数的百分数，都超过非智力因素不良者。广义的非智力因素，包括智力（能力）因素以外的所有心理因素。狭义的非智力因素，主要有动机、兴趣、感情、意志和性格 5 个因素。从 5 因素中继续分出 12 个因素：成就动机、求知欲望、学习热情、责任感、义务感、荣誉感、自尊心、自信心、好胜心、自制性、坚持性、独立性。

（1）兴趣。兴趣是一种特殊的认识倾向，它表现在人对感兴趣的对象和现象的感知、记忆、想象和思维上，并表现在人对有关事物的优先注意和集中注意上。因此，兴趣在使人成功地掌握知识的同时，也培养了全面细致的观察力，提高了敏锐而灵活的思考力，发展了丰富的想象力。浓厚的兴趣能调动学习积极性，启迪人的智力潜能并使之处于最活跃状态；浓厚的兴趣可激发学习动力，促使人努力学习。如果对学习活动感兴趣，人就主动，学习效果也好；反之，学习就被动，而且效果也差。

（2）意志。意志是人自觉地确定目的，并根据目的调节支配自身的行动，克服困难，去实现预定目标的心理过程，是人的主观能动性的突出表现形式。在意志的结构中，决心、信心和恒心是重要的心理因素，它们之间相互作用，相互渗透，共同制约着人的意志行动。在学习过程中，一个人的抗诱惑力的强弱也是影响学习效果的重要因素，而这种抗诱惑力正是意志是否坚强的主要指标之一。根据意志品质与学生学习成绩关系的研究发现，在意志的品质中，自觉性、坚持性和自制性与学习成绩的相关程度都比较显著，表明意志的这些特征是影响学习成绩的重要心理因素。

（3）情感。情感既是在需要的基础上产生和发展起来的，也是在认识的基础上产生和发展起来的。它既可能推动和加深人们的认识，也可能妨碍人们对事物的进一步认识，甚至使人们产生不正确的认识。人的情感会随着认识的发展而变化，认识越丰富、越深刻，则情感也会越丰富、越深刻。同时，人的情感又可以反作用于人的认识活动。一般而言，一个学生能在学业上取得较大成就，是与他对学习活动的满腔热情分不开的。但是，情感与认识又是互相干扰的。对某一事物的认识不当，也会使人对该事物产生不适当的情感；对某一事物产生了不适当的情感，也会妨碍对该事物进行深入的认识，甚至产生不正确的认识。学生的学习热情是在学习过程中培养起来的，丰富的知识又可以使之产生丰富的情感。

（4）性格。性格特征对一个人的学习过程起着重要的推动和控制作用，对其学习活动效率有着巨大的间接影响，而且性格特征可以较好地预测一个人的学业成就。能否高度集中注意力，能否为自己设定目标并坚持完成，能否在困难面前冷静思考，能否在成绩面前不骄不躁，能否不断鼓舞自己，能否管理好自己，等等，这些都属于一个人的性格特点，决定了一个人的学业成就。大学生中取得优良成绩的人在人格上偏向于高永恒性、高自律性、低恃强性、高聪慧性，具体表现为责任心强，做事尽心尽责、知己知彼、自律严谨、谦逊、通融、恭顺、善于抽象思考。

综上所述，学习成绩的好坏是智力因素和非智力因素共同作用的结果，其中非智力因素起决定性作用，如兴趣、情感、意志、性格等。非智力因素能够转化为学习动机，成为推动人们进行学习活动的内在动力，而且这种由非智力因素转化而来的活动动机，其动力作用较大，维持的时间也较长，比如，兴趣、热情、责任心、荣誉感等。这些动机一旦转化为活动动力之后，一个人就不必别人督促而能积极主动地去学习了。众所周知，任何活动总是从一定的动机出发，并指向一定的目标，没有什么动机也没有什么目标的活动，是不会收到什么效果的。非智力因素既然能转化为动机，也就能确定活动目标。非智力因素可以帮助人们在较长时间内始终不渝地将活动进行下去。任何活动要从动机走向目标，都必须经历一个过程。在这个过程中，常常会遇到许多的困难，是遇难而退，"止，吾止也"，还是知难而进，"进，吾往也"，这就有赖于非智力因素的维持作用了。这种作用具体的集中表现，就是恒心。荀子说："锲而舍之，朽木不折；锲而不舍，金石可镂。"所谓依赖非智力因素的维持作用，就是要发扬这种"锲而不舍"的精神。此外，非智力因素能够使人们支配、控制自己的行动，增强或削弱自己生理与心理的能量。这种调控作用主要表现在：当行则行，当止则止。比如，以劳逸结合来说，当紧张活动时就紧张活动，当轻松休息时就轻松休息。"一张一弛，文武之道。"在活动中，如果发挥非智力因素的调控作用，就会使活动井然有序，效果提高。

人与人之间，不存在笨与聪明的差别。学习好的同学并不代表他聪明，而学习不太好的同学也并不代表他笨，这主要是学习方法和自己的努力程度不同所致。人的潜能是无穷尽的，每个人都有自己的过人之处，关键是怎样开发和利用。永远都不要认为自己比别人笨，那样只会让自己更加消极、更加颓废。要相信自己的潜能，给自己信心和勇气，那样才会有所作为。

潜能也就是人类原本具备却忘了使用的能力，这种能力我们称为"潜力"，也就是存在但未被开发与利用的能力。维也纳大学康斯坦丁·梵·艾克诺摩博士估算，人类的脑神经细胞数量约有1500亿个，脑神经细胞受到外部的刺激，会长出芽，再长成枝（神经元），与其他脑细胞结合并相互联络，促使联络网发达，于是开启了资讯电路，然而人类有95%以上的神经元处于未使用状态，这些沉睡的神经元如果能被唤醒，几乎人人都可以变成"超人"。潜意识如同一部万能的机器，任何愿望都可以办得到，但需要有人来驾驶它，而那个人就是你自己，只要你有心控制，只让好的印象或暗示进入潜意识就可以了。潜意识大师摩菲尔博士说过："我们要不断地用充满希望与期待的话来与潜意识交谈，这样潜意识就会让你的生活状况变得更明朗，让你的希望和期待实现。"只要你不去想负面的事情，多思考那些积极性、正面性、建设性的事情，你就可以左右你自己的命运。

 **活动探索**

我的未来不是梦

1. 活动设计

我的生涯计划。

2. 操作

请学生想象自己未来 10 年、20 年、30 年后的生活、工作、家庭情况，重点描述自己未来的职业发展轨迹和职业梦想。

3. 讨论

分组讨论，实现个人梦想的途径，并制定详细的 10 年规划。

10 年后的今天：

20 年后的今天：

30 年后的今天：

第二节　创新能力发展

创新在《现代汉语词典》中的解释是"抛开旧的，创造新的"。其实不是抛弃，是扬弃。创新的英文单词是"Innovation"，起源于拉丁语，它有三层意思：更新；创造新的东西；改变。创新能力对于个人来说并不是天生的，也不是科技发明家或创新活动家的专利，而是一种可以培养和磨砺的能力。虽然各人无法选择自己的先天条件，但完全有能力通过训练、锻炼得以开发，为社会做出更大的贡献。

【案例】

橡皮铅笔是怎样产生的

美国有位名叫海曼的画家，画技平平，但很勤奋，整天用铅笔在画板上画素描，忙个不停。有时画得不好需要擦掉，橡皮一时找不到，找到橡皮擦好了，又要再画时，可铅笔又不知道放哪儿去了，这使他很烦躁。一天，他突发奇想，将橡皮用铁丝固定在铅笔顶端，不久便有了专门生产这种铅笔的工厂，海曼由此成了富翁。将橡皮和铅笔组合起来成为橡皮铅笔，这就是创新。

资料来源：http://www.chunanjiaoyu.com/U/myfile.asp?id=95998.

20世纪是迄今为止历史上最为辉煌的100年，它与以往最为显著的区别在于，创新构成了这个世纪令人兴奋的成就和进步。在20世纪有数百种发明创新，它们与我们的日常生活密切相关。它们改变了我们的世纪，改变了我们的生活。

一、创新能力是什么

创新能力是一个人（或群体）通过创新活动、创新行为而获得创新成果的能力，是一个人在创新活动中所具有的提出问题、分析问题和解决问题能力的总和。创新能力大小由人的创新素养所决定。创新素养主要由创新思维、个性品质、创新技能和方法构成。

1. 创新思维概述

创新思维是产生新思想、新概念的思维，它是创新能力的核心因素，是创新活动的灵魂和发动机。创新思维本身是一种综合性的能力。若把创新能力作为一个能力系统来看，创新思维能力是由众多子系统构成的（如图6-2所示）。

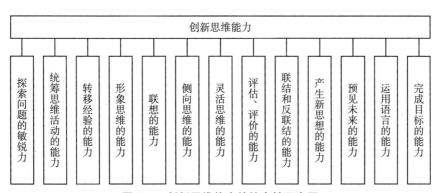

图6-2 创新思维能力的综合性示意图

2. 创新所需的个性品质

个性品质是指人的素质，它是在一个人生理素质的基础上，在一定的社会历史条件下，通过社会实践活动发展起来的。所谓创新个性品质，是创新者在进行创新活动中，在情感、意志等非智力因素方面表现出来的素质。

知识链接

创新实例

我们看看下面几个20世纪改变了人类生活的重大创新：

1. 方便面

20世纪50年代末，日本经营饮食小作坊的安藤看到中午许多人在饭馆门口排长队等吃热面条，于是发明了一种只用开水一冲就能食用的方便面。这种不用烹饪、味道鲜美可口的食品很快风靡全世界。

2. 拉链

1883年，威特科姆·贾德森发明了拉链。这件小玩意儿在1883年芝加哥世界博览会首次展出时，并未引起人们的重视，1931年才开始传遍全球，广泛用于钱包、手提袋、背包、衣裤等。

3. 个人电脑

电脑彻底改变了人们工作与思考的形态，20世纪70年代末电脑厂商开始开发较小型的个人电脑，到了80年代初市场上有了大众化的电脑消费产品。个人电脑加快了社会数字化脚步，几乎社会的每一个层面都被电脑完全浸入，没有人能够拒绝电脑进入生活之中。

4. 移动电话

曾经是英雄电影中大哥专属配备的"大哥大"，已成为高度普及的一种私人通讯联络方式。手机随时随地联络的便利性，也改变了人与人之间传统的沟通方式。

5. 卡拉OK

卡拉OK意为"无人乐队"。发明者井上大佑是神户的一家酒吧的伴奏乐手。有一天有客人请他为聚会伴奏，他拒绝了，但给了客人一盘伴奏带。这个主意大获成功。于是井上大佑花了3个月时间造出了卡拉OK机。

以上只是人类巨大的创新宝库中的几个例子，创新在每天改变着人类文明的面貌，创新是人类文明进程的推动者。如今，以网络、光纤、电脑、数码、多媒体为主要标志的信息技术群的发展，使人类文明的进程速度不断加快，构成了今天这幅绚丽多彩的时代画卷。

你能对人类50年后的生活做一个幻想式的描述吗？

创新需要用智慧去播种，需要用汗水去浇灌，需要用热情去培育，需要用耐心去护理。一个成功的创新者需要具备以下个性品质：

（1）保持热情、不言放弃。一位哲学家曾说过："任何人都会有热情，所不同的是，有的人热情只能保持30分钟，有的人热情能保持30天，但一个成功的人能让热情保持30年。"由此可见，坚韧的意志和毅力是创新者从事创新活动必备的个性心理素质，是维系创新活动成功的心理保证。

【案例】

袁隆平和爱迪生的故事

在国际上被誉为"杂交水稻之父"的袁隆平偶然在田间看到了一株杂交的水稻，发现它结的果实比一般的水稻多。于是他从1964年开始从事杂交水稻研究，用9年时间于1973年终于培育成功了第一个得到大面积推广的强优高产杂交水稻组合——南优2号。

爱迪生在发明电灯时，为寻找制作灯丝的材料屡次失败。用钌、铬等金属作灯丝，通电后，亮了片刻就被烧断。用白金丝作灯丝，效果也不理想。很多专家都认为电灯的前途黯淡。英国一些著名专家甚至讥讽爱迪生的研究是"毫无意义的"。爱迪生没有退却，经过13个月的艰苦奋斗，试用了6000多种材料，试验了7000多次，终于有了突破性的进展。他用炭化棉线做灯丝的灯泡足足亮了45小时，灯丝才被烧断。这是人类第一盏有实用价值的电灯。这一天——1879年10月21日，后来被人们定为电灯发明日。

资料来源：http://www.docin.com/p-428873021.html.

无数事实证明，一项创新发明的成功少则几十天，多则几年甚至几十年，这中间有很多的坎坷和艰辛，没有孜孜以求的热情、坚忍不拔的毅力和不言放弃的精神，就可能半途夭折。只有在逆境中仍能保持热情和坚忍不拔的人，才会最终到达成功的彼岸。

（2）充满好奇。电灯、电话、电报，这些东西在科技发达的今天看来是多么的普通和司空见惯，谁也不会因此而惊奇。可是你是否知道，这些东西对于当时的人们来说是多么新奇，人类因此而记住了它们的发明者——爱迪生。被人们称为"发明大王"的爱迪生，在他的一生中仅在专利局登记过的发明创造就有1328种。这个只上过3个月学的人，怎么会有这么多的发明创新呢？这源于他强烈的好奇心。在很小的时候，爱迪生就显露出极强的好奇心，只要看不明白的事情，他就抓住大人的衣角问个不停，非要弄出个子丑寅卯来。一天他指着正在孵蛋的母鸡问妈妈："母鸡把蛋坐在屁股底下干吗呀？"妈妈告诉他这是母鸡在孵小鸡呢。下午，爱迪生不见了，家里人急得到处寻找，终于在鸡窝里找到了他。原来他正蹲在鸡窝里，屁股下放了好多鸡蛋，正在孵小鸡呢。

（3）敢于挑战权威。自从 20 世纪 90 年代初以来，越来越多的中国学生到海外留学，在美国、加拿大、英国、德国、法国、澳洲等国家的校园里随处都可以看到中国留学生的身影。但《美国之音》曾引述多位外国教授的观察指出，中国留学生普遍缺乏挑战精神。谈到对中国留学生的印象，欧洲和大洋洲的大学校长和教授使用频率最高的形容词就是"勤奋"，但同时也指出，中国留学生比较缺乏挑战精神。德国柏林自由大学的迈卡钦教授指出，中国留学生不但勤奋，而且聪明、礼貌，但他们似乎对教授、对权威有一种莫名其妙的崇拜感，而这对培养创新思维是不利的。

因此，大学生要有意识地消除这种盲目崇拜权威的意识，努力认识到，权威所讲的话、理论或成规并不一定都是对的，要用理性的态度敢于怀疑、勇于挑战。同时教师应当积极营造宽松自由的学习环境，使学生不迷信权威，敢于发表自己独特的看法，敢于向权威挑战，富有创新精神。

3. 创新所需的技能

以熟悉的眼光看陌生的事物，再以陌生的眼光看熟悉的事物，会产生意想不到的效果。创新者除了具备上述个性品质外，还需要善于观察、善于想象、学会设计、学会动手。

（1）会观察。创新并不神秘，日常生活中有利于创新发明的现象也是很多的，但为什么许多发生在周围的事物和现象，大部分人往往熟视无睹、习以为常，唯独创新发明的人独具慧眼、捷足先登呢？原因有多方面，但有一点是最主要的，那就是善于创新的人有敏锐的观察力。因此，经常要保持敏感性，就像一只时刻保持警觉的猫一样，如果有一点蛛丝马迹，就要努力去捕捉。一次偶然的观察，导致一种新事物的诞生。这种情况在创新发明的历史上是很多的。

【案例】

听诊器是怎么出现的

1816 年，法国巴黎的市郊，有一群孩子正围着一堆木头玩耍，由一个人用大铁钉在木头的一端敲打，其余人在另一端把耳朵贴在木头上听。这时，雷奈克医生在为一位患有心脏病的妇女看病后回来恰好路过此处。出于好奇，他也凑上前去，把耳朵贴在木头上，立刻真切清脆的敲击声传入耳朵，而耳朵一离开木头，声音立刻变得微弱、遥远了。这使他立刻想起刚才的出诊，由于病妇过于肥胖，传统的叩诊无法测准确，但又不便直接把耳朵贴在患者胸部听诊，因而十分为难。圆木的敲击声启发了雷奈克，他做了一个木管子给病人听诊，后来又做出了喇叭形的象牙管，上面安装了两根柔软的管子，这就是世界上第一个听诊器。

资料来源：http://zhidao.baidu.com/link?url=tpo0EvnyROrds5NN5UyToaft7Lk1liDVu0AVLsdNZDesFUXu–oYG7NTL4Qtam4J9o–qZ3r2KW589LmarNzETXy.

（2）会想象。创新离不开想象，想象犹如给创新插上了展翅高飞的翅膀。的确，通过想象与思索，可以消化各类信息，构成各种假设，酝酿解决方案。它往往孕育着新观念的突破，一旦时机成熟或受到某种"触发"启迪，就会激发创新的火花，使开放的思维获得清晰的线索、深刻的理解和可行的方案。

法国著名作家儒勒·凡尔纳（Jules Verne）所表现出来的惊人想象力，是许多人所熟知的。他在无线电尚未发明之前，已想到了电视，在距离莱特兄弟制成第一架飞机还有半个世纪之遥时，竟描绘出了直升机，甚至在其《月亮旅行记》中讲述了可以乘坐炮弹到月球去旅行的宇航壮举。

古今中外的创新者借助想象的力量做出过不计其数的辉煌业绩。因此要注重开发自己的想象力，养成善于运用想象的习惯，当然更重要的是提高想象的品质。

（3）会设计、会动手。要学会将创新构思方案通过文字、图纸等形式表现出来。文字说明主要包括：该创新是怎样发现的、目的及基本思路；创新方案是怎样设计的，有什么特点；它的新颖性、先进性、实用性体现在什么地方；创新的结构情况及采用的材料或元器件；该创新还有哪些不足之处，打算如何改进等。而图纸有外观图、结构图、原理图等，画出的图纸不但要自己看得懂，更重要的是让别人也能看懂。

同时，任何创新成果都必须以实物、模型的形式展示出来，无论构思如何新颖、独特、奇巧，也只能是一种设想，因为创新设计方案及图纸最终要通过做出的实物到实际中去检验是否可行。所以要注重培养自己的动手能力，这样进行创新才能得心应手。平时，我们要不断练习使用各种工具使自己具备动手的技能。只动脑不动手是空想，只动手不动脑是机械。既会动脑又会动手，在动脑、动手的同时学会发现、创新，而不是简单的重复。这就是人类发展史上最有意义的行为——创新性劳动！

二、影响创新的思维障碍

思维方式不同可以产生完全不同的结果，思维障碍阻碍了我们创造性地解决问题，这对于创新是非常不利的。我们要进行创新思维，首先必须突破思维障碍。

1. 习惯性思维障碍

自我思考

盲人怎样买剪刀

有一位聋哑人，想买几根钉子，就来到五金商店，对售货员做了这样一个手势：左手食指立在柜台上，右手握拳作出敲击的样子。售货员见状，先给他拿来一把锤子，聋哑人摇摇头。于是售货员就明白了，他想买的是钉子。聋哑人买好了钉子，刚走出商店，接着进来一位盲人。这位盲人想买一把剪刀，请问：盲人怎样做能以最简单的方式买到想要的东西？

习惯性思维障碍是人们经常犯的一种错误，无论是古人还是现代人都不可避免会犯这种错误。因为习惯性思维省时、省力，在某些时候能帮助我们用较少的时间和精力来完成一个任务。这在讲究效率的社会里，无异于用最小的投入，取得最大的产出，这自然是人们求之不得的。然而，利弊相成，习惯性思维也有其弊端。就像在上面的自我思考题中，大家受到聋哑人买钉子时打手势的影响，习惯性地认为盲人买剪刀也做手势，反而忘了盲人可以说话。大家可以想一想在自己的日常生活中是不是也犯过类似的"错误"？

2. 直线型思维障碍

人们在解决简单问题时只需用"一就是一，二就是二"或"A＝B，B＝C，则A＝C"这样的直线型思维方式就可以奏效，因此在解决复杂问题时也常常容易如此思维，不从侧面、反面迂回地去思考问题，这也是阻碍我们发挥创新能力的一种思维方式。

【案例】

诺曼底登陆

在第二次世界大战中，盟军进入欧洲战场是改变战争格局的关键。但是怎么登陆呢？当时盟军在3个可供选择的登陆地点中选中诺曼底后，却碰到了一个大难题：那里没有大型码头。按照常规，在那里修建一个大型码头要3年左右的时间。

如果按照直线型思维方式，要么等3年左右，那样战机早就错过了；要么更换登陆地点，那就达不到出人意料的效果，会因敌人早有防备勉强登陆而遭到重大损失。盟军方面的元帅、将军们为此苦苦思索、大伤脑筋。正在一筹莫展时，美国的巴顿将军提出一个被视为异想天开的设想：既然到敌人占领的对岸去建码头有困难，为什么我们不能在这边把码头建好，再偷偷地搬过去呢？巴顿的办法是：造一些混凝土"箱子"，用潜水艇运到登陆地点，先完成水下部分，登陆时再突击完成水上部分。结果，采用这种方法，盟军在很短的时间内就建造了10余英里长的大型码头，可供十几万人的机械化部队登陆使用。而对岸的敌人——德国军队则按照直线型思维方式，认为盟军不会选择诺曼底登陆，即使选择在此登陆，短时间内也修建不了码头，根本预料不到盟军会采取这种办法在诺曼底登陆，所以被打得晕头转向、措手不及。诺曼底登陆的成功，被作为辉煌的战例而载入了世界军事史册。

资料来源：余伟编著.创新能力培养与应用教程［M］.北京：航空工业出版社，2004.

3. 权威型思维障碍

我们在长期的学习、工作和生活中，逐渐形成了对权威的尊敬甚至崇拜。这是因为这些权威们或是领导、长辈、专家，且经常被社会舆论作为有学问、有经验的人广为宣传，使他们有了很高的名望。尊重权威当然没有什么错，但一切都按照权威的意见办，既不敢怀疑权威的理论或观点，也不敢逾越权威半步，将会成为创新思维的极大障碍。

【案 例】

$2 + 2 = ?$

大哲学家罗素（Bertrand Russell）来中国讲学，听讲的基本上是研究部门的学者。罗素登上讲台，首先在黑板上写了一个题目：$2 + 2 = ?$ 然后，罗素诚恳地征求听讲者的答案。出人意料的是，台下一片寂静，没有一个人主动表示愿意回答。每一位听众都在心里暗暗琢磨：黑板上的题目肯定不是简单的数学题，大哲学家是不是要借此说明他新发现的哲学观点？尽管罗素诚恳地请求台下的听众将答案告诉他，但是，没有一个人愿意"贸然"地回答。不得已，罗素只好请一位先生来回答。谁知，这位先生竟然面红耳赤地说自己还没考虑成熟。最后，罗素坦然对台下的听众笑道："2加2就等于4嘛，这是一个很简单的计算题目呀！"罗素幽默地告诉了人们：过于崇拜权威会使人迷信，束缚自己独立思考的能力，扼杀自我的思想。

资料来源：余伟编著.创新能力培养与应用教程［M］.北京：航空工业出版社，2004.

4. 从众型思维障碍

从众心理就是不带头、不冒尖,一切都随大流的心理状态。有这种心理的人,有的是为了跟大伙保持一致而不被指责为"标新立异"、"哗众取宠";有的是思想上的懒汉,认为跟着大家走错不了。实际生活中大多数人都可能因从众心理而陷入盲目性,明明经过稍加独立思考就能正确决策的事,偏偏要跟着大家走弯路,这就是从众型的思维障碍。

【案例】

天霸表涨价

20 世纪 80 年代末,全国机械手表行业竞争激烈,正当各厂家争相降价时,深圳的"天霸表"却反其道而行之,其价格从 120 多元上涨到 180 多元,而它的内在质量并无显著提高,只是在外形上作些改变,改变一次涨一次价。这种逆流而上的做法,反而在消费者心目中树立了"一分钱一分货"的高品质形象。

资料来源:饶见维著.创造思考训练 [M].南京:南京大学出版社,2007.

5. 自我中心型思维障碍

日常生活中我们常常可以看到,有些人特别固执,思考问题时以自我为中心,阻碍了创新思维。这些人有的还是很有能力的,做出过一些成绩,但他们从此就觉得自己了不起,不知道天外还有天,能人之上还有能人。

 **知识链接**

其他类型的思维障碍

上面讲的都是些常见的、多数人都可能出现的思维障碍。还有一些思维障碍,在不同的人那里表现的程度不同,如书本型思维障碍、自卑型思维障碍、麻木型思维障碍和偏执型思维障碍等。

1. 书本型思维障碍

许多人认为知识多的人必然有很强的创新能力,也有人认为凡是书本上写的都是正确的。在这些错误认识的指导下,书上没有说的不敢做,书上说不能做的更不敢做,对读书比自己多的人说的话完全相信,一点也不敢怀疑,这极大地阻碍了人们去纠正前人的失误和探索新的领域,这就叫作书本型思维障碍。

2. 自卑型思维障碍

自卑型思维障碍就是非常不自信。由于过去的失败或成绩较差，受到过别人的轻视，产生了自卑心理，在这种心理的支配下，不敢去做没有把握的事情，即使是走到了成功的边缘，也会觉得自己天生就不行而赶紧退了回来。

3. 麻木型思维障碍

麻木型思维障碍的表现就是思维不敏感、不活跃。有这种思维障碍的人注意力不够集中，兴奋不起来，对生活、工作中的问题习以为常，特别是对细小但关键的问题不能够及时捕捉。他们往往认为自己的生活过去是平淡无奇的，今后也应当平淡无奇，不会有什么奇迹产生，在这种精神状态的支配下，对机遇没有思想准备，即使机遇走到他眼前了，也无动于衷。

4. 偏执型思维障碍

偏执型思维障碍的表现有多种，有的颇为自信，但却爱钻牛角尖，明知这条路走不通，非要往前闯，直到碰得头破血流才罢休；有的喜欢跟别人唱对台戏，人家说东，他偏要往西，好赌气，白费很多力气；还有的抓住一点，不顾其余，也不管这是不是问题的关键，结果事倍功半，用很大力量才取得很小的成果。

如果你能冷静客观地发现自己的思维障碍，分析产生的原因并有意识地克服它，就是一个了不起的进步和创新思维的开始。

三、人人可创新

1. 水平思考

一个教师可能会拿起一块砖头并问学生"这块砖头可以做什么用？"然后学生就海阔天空地想，提出各种可能的用途。学生想到任何用途时就举手说出他们想到的用途。教师可能会鼓励学生提出各种奇特的用途，而且请学生不要做太多判断，想到任何用途就提出来，不要管这个用途好或不好，可行或不可行，也不能批评别人所提出来的任何想法。同样地，老师可以改用任何其他物品（空的饮料盒、吸管、纸杯、粉笔、椅子、图钉、橡皮筋、坏掉的录音带、用过的塑料袋，等等），然后让学生提出各种不同的用途。在这种活动中，教师要全盘接受学生的任何奇特想法，甚至乍看和问题不怎么相干的想法。例如，如果学生回答说"砖块可以用来梳头发"，教师也不要认为太过匪夷所思。

这是一个典型的"水平思考"活动，也是提高创新能力的第一个心理训练。这个活动一方面可以促进学生的联想力，也可以让学生练习从各种不同的角度来看待一个常见的物品。通过这个练习，学生会发现，原来任何一个物品都不像我们习以为常的那般僵硬，而是潜藏着无数的可能性、无数的可能用途、无数的特性。水平思考的主要特性就是毫无拘束、海阔天空、天马行空地自由联想、自由跳跃，无须讲求道理或逻辑，只要想到就好，不要问为什么会想到这个或那个，也不要问想到的点子好不好。

 **知识链接**

水平思考

"水平思考"这个名词是由心理学大师爱德华·波诺（Edward Bono）所创。他很早就指出，人类有两种非常不一样的思考模式："水平思考"（Lateral Thinking）和"垂直思考"（Vertical Thinking），也有人将这两种思考模式翻译为"横向思考"与"纵向思考"。下表简单地说明了两者的区别：

垂直思考	水平思考
收敛式思考	发散式思考
逻辑思考	非逻辑思考
分析，辨别的思考	综合，直观的思考
单向，线性的思考	多向，动态的思考
主要是意识层次的运作	涉及潜意识层次的运作

在创造发明界，有一个非常重要也非常有名的方法——"头脑风暴"（Brainstorming，奥斯朋，1964），其所应用的基本原理也正是水平思考。尤其是在团体的头脑风暴活动中，鼓励团体成员从别人的想法中又联想出其他的想法，由此可以产生大量的想法，把水平思考发挥到极致。

 活动探索

动脑大考验

1. 目的

练习突破刻板印象，增加脑筋的变通性。

2. 形式

个人练习或小组练习（每组3~4人）。

3. 操作

下面几个问题都有许多可能的答案，有些答案非常简单，但是可能非常令人出乎意料。请尽量自己先想想看，不要太快去看答案，这样才能训练自己脑筋的变通性。

（1）在下面这个图中，试着画直线的线段，最少需要用几条相连的线段才能全部贯穿这9个黑点？

（2）在一个桌子上有8个黑棋子，8个白棋子，排成如下图黑白相间的样子。你的手只能碰触其中2个棋子，如何使它们排列成两排黑棋及两排白棋？

（3）有一根40厘米长的绳子，用你的左手食指和拇指捏住绳子一端，右手食指和拇指捏住另一端，捏住后就不能再松开，怎样给这个绳子打一个死结。

4. 答案参考

（1）问题（1）的答案：首先线段和线段的相连转折点并不一定要落在黑点上面，其次黑点不只是一个点，它是有直径的，而且线段也可以是很粗的，一条很粗的线段就能同时贯穿9个点。因此解决的办法可以有多种。

（2）问题（2）的答案：这个问题的关键在于"碰触"这2个字，如果把它解读为只能移动的2个棋子，这个问题就无解。

（3）问题（3）的答案：先把自己的两只胳膊在胸前交叉，再用两只手分别捏住绳子的两头，然后把绳子收紧，结就打好了。

2. 比喻与借喻

提高创新思维的第二个心理训练是"比喻与借喻"。以下用一个简单的"直接比喻"活动为例来说明。例如，我们可以用下列方式来描述"汽车"：

汽车是文明人的脚。

汽车是一个可以到处移动的房子。

汽车是一个会走路的大铁盒。

汽车是省力的交通工具。

汽车像马路上的大章鱼。

汽车像4只脚的飞毛腿。

汽车像会动的火柴盒。

在这些描述中，有些是用"汽车是……"的句法，有些是用"汽车像……"的句法。前一个是暗喻，后一个是明喻。在这个活动中，我们可以把同一个现象灵活地看成各种不同的事物，而每一个"看成"都是一个比喻。事实上，比喻是一种非常基本且普遍的思考活动。

人类的比喻性思考可以从人类使用语言的方式来加以理解，并从中找到证据。最明显的例子就是许多"明喻"的表达用语，例如，"教师好比园丁"、"文化像有机体"、"书本就如降落伞，打开来才发生作用"、"这种天气，就像是身上披了一床湿棉被"。这一类都是很明显地用"像"、"好比"、"如"等字眼来联结两个概念，并凸显出两个概念之间的类似之处。

另外，有时人们也喜欢用"隐喻"的方式来表达，不用"像"、"好似"、"如"等字眼，而用"是"或"即"来联结两个概念。例如，"老师是园丁"、"文化即有机体"。有时我们甚至把"是"或"即"都省略了，例如"少女心，海底针"，这种情形叫"略喻"。

还有一些用语的比喻手法比"隐喻"更不明显。许多日常用语都是来自比喻，也通过比喻来让我们掌握其意义，但是由于使用频繁，我们反而不容易发现它们原来的比喻性手法。例如，"目标"这个概念是从射箭比喻过来；"基础"这个概念是从房子的地基比喻而来；"山脚、山顶、山腰"这三个概念乃是把山比喻成一个人。这一类的用语在我们的语言中比比皆是。语言学家也发现许多日常用语都反映出一种非常深层的比喻性思考。例如，下列各组用语与句法中都各自含有一个比喻，这些比喻有时不是很明显，但是我们在使用这些用语时的确已经通过这些比喻来思考和沟通。"辩论即战争"的比喻：

他的论点无懈可击。

我这个观点正好击中你的要害。

他的批评实在是无的放矢。

他们的论战难舍难分。

你的言辞太犀利了。

甲方的攻势很凶猛。

在创新活动中，我们经常要使用比喻来产生创意，这种情形叫作"借喻"。例如，人类自古以来就经常梦想可以像"鸟"一样在天上飞行，这是一种把自己看成鸟的比喻性思考。许多古时候的发明家也的确是从这个比喻出发，大胆地尝试设计各种像鸟一样的翅膀，从高处往下飞跃。当然，许多人都失败了，甚至摔死了。但是人类也的确是经过这种经验的累积才逐渐发展出现代的高性能飞机。此外，据说鲁班发明锯子，是从草叶锐利的锯齿状边缘借喻来的灵感；潜水艇的潜水原理与灵感则是从"鱼漂"借喻而来；推送人造卫星或太空飞船上天的火箭则是从中国古时的"冲天炮"借喻过来的灵感。这些例子都说明了人类可以从旧的概念或观念来看待新的状况，是借喻产生创新的典型例子。

 **活动探索**

看什么就像什么

1. 目的
练习发挥想象力，培养比喻的能力。
2. 形式
团体练习。
3. 操作
教师在黑板上任意画一个图形（例如下图），然后问学生，你们把这个图形看成什么？

教师举例它看起来像一个在天上飞的乌鸦、一只在跑的狐狸，等等，然后请一些学生说出他们觉得这个图形像什么。
依照同样的方式，教师再任意画其他图形，让学生发挥想象力。

3. 延后判断
在许多创新活动中，"产生创意"通常是我们的一项重要目标，而且是要得到有价值、高品质或能解决问题的创意。然而，在创新活动的初期，我们所关心的是创意的数量，而不是创意的品质。也就是说，当我们在追求创意的数量时，先不要加入太多判断，以便激发大量创意。其实，所谓的"延后判断"是一种心理习惯。我们知道，一般考试都有所谓的"标准答案"，因此一般人在接受了长期的学校教育之后，很自然地就养成了"立即判断"的习惯。也就是说当我们心中冒出一个想法时，我们会自然而然地立即判断这个想法好不好、对不对、能不能接受。这种习惯一旦养成，要打破它很不容易，对创新活动也会造成一定程度的阻碍作用。因此，当我们在追求创意的数量时，要不断提醒自己不要太早作判断，一直到养成习惯为止。
在运用前面介绍的发展创新能力的心理训练方法时，都要运用延后判断，才能产生大量的创新。因此，在此部分的活动训练中，也要同时运用前文介绍的"水平思考"、"比喻与借喻"或"重组与结合"。

需要注意的是，"延后判断"并不等于"不要判断"。也就是说，在创新活动的初级阶段——追求大量创意时，我们只是暂时不要判断创意的好坏与价值，等到获得一定数量的创意时，再来判断与选择创意，这样可以让一些创意有机会进一步演变成好的创意。

 活动探索

一、故事接龙

1. 目的

练习"延后判断"的心理习惯。

2. 形式

团体练习。

3. 操作

（1）教师指定安排全部学生接龙的顺序。

（2）教师起个故事的头，然后由第一位学生把故事接下去说，每人说2~3句故事情节。然后按照事先指定的顺序一直接下去。任何人都可以自行决定把故事结束，或者让故事继续发展下去。

（3）如果有人把故事结束，就由下一位学生另外随便说个故事头，然后继续接下去。

4. 说明

这个活动的趣味性很高，故事的演变也经常会非常曲折离奇，令人惊奇连连。然而，学生之间对于这个活动的难易度感受差异很大，尤其是在活动开始时。有些人可能觉得很简单，有些学生则觉得很难接。在活动的过程中，有些学生会觉得不知道如何把故事接下去，不知道说什么比较好。由于这个活动的主要目的是要练习"延后判断"，因此教师要鼓励学生只管大胆说自己想说的情节，任何情节都可以，不要管后面会如何发展，不要管接得好不好。只要多循环练习几次，大家就会觉得越来越简单，逐渐就不会害怕接不下去。因此，这个活动可以协助大家养成"延后判断"的习惯，而且效果很好。

二、大厦命名

1. 目的

练习"延后判断"的心理习惯。

2. 形式

团体练习。

3. 操作

（1）教师结合实际情况说明学校或社会上的某一建筑物（如正在修建的男生宿舍或饭店）需要命名，请大家构想该建筑的名称，设计越多越好，以便挑选。

（2）请每位学生自行构想，在自己的笔记本上写的越多越好。先不要判断哪一个比较好。教师提醒学生，观察自己的心理是否会不由自主地做一些判断与自我过滤。如果产生了判断的心理活动，立即予以搁置。

（3）等一段时间之后（每位学生至少想出10个以上的命名），教师抽一些学生到黑板前，各自从自己的命名中选择一个，并写在黑板上，以便参选。

（4）教师鼓励学生自愿在黑板上写其他可能的名称。

（5）针对黑板上的所有命名，全班进行举手投票，每人可以投5票。得票最多的同学中选。

【回顾与思考】

1. 你是怎样看待大学的学习的？你觉得影响你在大学学习的因素有什么？

2. 你曾经有过创新的想法吗？是什么？

3. 请用生活中的事例来说明你对延后判断的理解。

【拓展训练】

心理测验

1. 心理测验

你有厌学情绪吗？

2. 对下列各题作出"是"或"否"的回答

（1）我认为学习一点也没有意思

（2）我是迫于形势才不得不学习的

（3）我一学习就觉得没劲

（4）在现在社会里，学习没有什么用

（5）我认为学习是件苦差事

（6）到学校去上学简直是件苦差事

（7）我学习只是为了父母

（8）我对学习没什么兴趣

（9）一上课，我就无精打采

（10）上课时老师讲的内容我总是似懂非懂

（11）我常常抄同学的作业

（12）我即使是无事可做，也不愿意学习

（13）我认为自己不是什么读书升学的料

（14）我背书包上学只是为了消磨时光

（15）我上学经常迟到、早退

（16）我和老师的关系比较紧张

（17）我对影视明星、歌坛新秀、体坛名将、青春偶像、奇闻轶事等很感兴趣

（18）我上课注意力不集中，常常走神

（19）我认为学习简直是活受罪

（20）我每天背书包到学校只是为了混混日子

（21）我在学校里是做一天和尚撞一天钟

（22）我认为上学只是为了拿一张文凭

（23）我的作业常常不能独立完成

（24）我最头痛的一件事就是考试

（25）我真盼望早点毕业

（26）我盼望早点离开学校，以求得解脱

（27）我对玩耍、逛街、打游戏机、看录像等活动很感兴趣

（28）我经常旷课

（29）我一拿起书本就感到头痛

（30）课堂上老师讲的课我根本听不懂，也不想去弄懂

（31）考试考好考坏我无所谓

（32）我上课时常做一些与学习无关的事

（33）我常为自己的前途担忧

3. 评分规则

每题选择"是"记 1 分，选择"否"记 0 分。然后将各题得分相加，得出总分。

4. 结果

你的总分＿＿＿＿＿＿＿＿＿＿

0~11 分：你有轻微的厌学情绪。

12~22 分：你有中等程度的厌学情绪。

23~33 分：你有很严重的厌学情绪。

【推荐阅读】

1. 阅读《学会提问》（原书第 10 版）. ［美］尼尔·布朗，斯图尔特·基利著. 吴礼敬译. 北京：机械工业出版社，2012.

只有公众都能批判性地思考问题，民主制度实行起来才会更加顺利。只有经过关键问题的层层考验后形成的决定和看法，才会让我们觉得更加理直气壮。但是很多人不知道怎样切实有效地提出一些关键问题（Critical Question），作者通过这本书满足了大家的需求，目前这本书已经是第 10 次修订了。俞敏洪隆重推荐这本书，他说："这本《学会提问》是一本非常经典的批判性思维读物，很出色地完成了传授批判性提问的技能这一目标，既简洁又全面，实践指导性强，会对同学们提供很大的帮助。想要去国外留学深造的同学，应该学习批判性思维，学会用批判性眼光去看待、评价问题，理性思考，扩展你的思维和眼界，丰富你的内心世界！"

2. 阅读《习惯的力量：我们为什么会这样生活，那样工作？》. ［美］查尔斯·杜希格著. 吴奕俊，陈丽丽，曹烨译. 北京：中信出版社，2013.

《习惯的力量》融汇各行业数十个生动的案例，告诉我们：习惯不能被消除，只能被替代。只要掌握"习惯回路"，学习观察生活中的暗示与奖赏，找到能获得成就感的正确的惯常行为，无论个人、企业和社会群体都能改变根深蒂固的习惯。学会利用"习惯的力量"，就能让人生与事业脱胎换骨。

第七章　培养和塑造良好人格

学习与行为目标

了解人格的内涵

健康人格的培养与发展

我们的人格不断成长、壮大、成熟，人格的每一刹那都有新物添加于旧物之上。

——柏格森

播下一个行动，收获一种习惯；播下一种习惯，收获一种性格；播下一种性格，收获一种命运。

——威廉·詹姆士

 **知识链接**

人格的力量

一个老教授昔日培养的三个得意门生事业有成，一个在官场上春风得意，一个在商场上捷报频传，一个埋头做学问如今也苦尽甘来，成了学术明星。于是有人问老教授：你认为三人中哪个会更有出息？老教授说：现在还看不出来。人生的较量有三个层次，最低层次是技巧的较量，其次是智慧的较量，他们现在正处于第一层次，而最高层次的较量则是人格的较量。这个故事生动地向我们说明，在人的素质结构中，人格起着近乎决定性的作用。

资料来源：http://home.51.com/ulzzh/diary/group/21774.

第一节　认识人格内涵

【案例】

错误的理解

小李是一名刚进入大学读书的学生，19岁，刚入学的前半学期由于同学间相互不认识，老师指定他暂任班长。半学期后因他与同学关系不和，被撤掉了班长之职。于是，他就疑心是嫉妒他才干的某同学在老师那里搞他的鬼。从此以后，就认为自己受到了排挤和压制，对被撤掉班长一事始终耿耿于怀，愤愤不平，觉得老师与同学这样做，对他太不公平。后多次与同学、老师为此发生争吵、冲突，还曾经将此事告到校长那里，要求恢复他的班长之职，否则要上告、要报复。系里领导和辅导员都耐心细致地劝他，但他总是不等人家把话说完，就急于申辩，始终把大家对他的好言相劝理解为是恶意、敌意。到大学毕业时，仍无根本性的变化，他这种不能从中吸取经验教训，并加以改正的做法，使自己大学4年的生活始终处在痛苦之中。

在人的素质结构中，人格发挥着决定性的作用。在人的一生成长与发展中，人格扮演着重要的"向导"角色。一个人无论是事业还是学业的成功，首先是人格的成功，而真正的失败原因也与人格分不开。所以，健全的人格和意志品质是现代社会所需要的，是人才必备的基本素质。关注人格发展就是关注人的一生。因为良好的人格品质是成才的基础。下面将对人格的内涵进行详细的介绍。

一、人格的概念

人格是一个词义丰富、在日常生活中被广泛使用的词汇，同时也是一个学术概念，在不同学科中，对人格有着不同的含义和解释。在法律意义上，人格指作为权利和义务主体的人的资格。从伦理道德的角度，人格被规定为个人的品格、志趣、情操，是个体做人的尊严、责任、价值及道德品质，即作为一个社会人的资格和品格的总和。从心理学意义上看，人格主要指个人的、比较稳定的心理和行为特征的总和。哲学、社会学、人类文化学等学科都对人格问题进行了广泛而深入地探讨。我国学者通常把人格当作或者理解为在实践基础上形成的"品质"或"人品"，即古人所说的"气象"、"风范"等。

心理学家认为，人格是一个人独特的思维、情感和行为模式，是一个人整体精神面貌的体现。它具有一贯性、稳定性的心理特征，是人在社会生活中呈现出的整体的综合状态。人格可以是外在的，也可以是隐藏在内部的。心理学家大都认为人格是由气质、性格以及能力等共同构成的。

二、人格的基本特征

和其他心理品质一样，人格也有自己的特征，包括独特性、稳定性、整体性、可塑性。

1. 独特性

人格是一个人各种倾向性和人格特征的有机结合。如有的人沉默寡言，有的人能言善辩，有的人豪放，有的人谨慎。某一人格品质在不同的人身上也会表现出不同的意义。如独立性这一人格特质，在开放民主型的家庭中成长的孩子，独立是作为健全人格培养的重要方面，而在缺少母爱的家庭中成长的孩子，独立更多意味着要靠自己的努力。

2. 稳定性

"江山易改，禀性难移"。要想改变已经形成的某种人格特征是比较困难的。人格的稳定性是指那些经常表现出来的特点，是一贯的行为方式，是在不同的时间、空间下，行为表现的一致性。例如，一个性格内向的人，在家庭中比较沉默，在工作中也比较安静，即使离开校园，参加工作多年以后，这种特质依然不变。

3. 整体性

人格是人整个精神面貌的表现。表现出多层次、多元化的特点。人格的组合是千变万化的，所以人格的表现也多种多样。人格的结构是一个整体，具有内在的一致性，受自我意识的调控。当一个人的人格结构各因素彼此和谐一致时，就会表现出健康的人格特征。

4. 可塑性

人格是以生物遗传素质为基础，受教育、环境等多种因素影响，形成和发展起来的。由于社会化程度所限，在儿童期和青少年期的人格特征不够稳定，容易受到外界因素的影响而发生改变。所以，在人格定型阶段，良好的家庭环境、优质的教育环境和社会环境都会对儿童和青少年健全人格的形成和发展产生积极深远的影响。

三、影响人格形成与发展的因素

学者对人格的形成和发展进行了大量研究，探究影响人格形成和发展的因素，其中遗传因素、环境因素、个人经历都是重要的方面。

1. 遗传因素

遗传与进化是人格形成和发展不可缺少的影响因素，它们对人格的影响程度随人格特质不同而异，通常在智力、气质这些与生物因素相关较大的特质上遗传因素的作用较为突出，如高级神经活动类型属于抑郁型的人，就不太容易形成豪放、善交际的人格。现代医学也已表明，输入不同的血液或接受别人的器官移植，都会使气质、性格产生或多或少的影响。

先天的遗传因素是婴儿初生时所具有的解剖和生理特征，包括脑和神经系统类型、内分泌腺以及身体外表的特征等。苏联心理学家巴甫洛夫（Pavlov）对人的高级神经活动特点进行了大量研究，把人格的生理基础建立在神经系统的活动上。现代也流行一种观点试图把人格同人的外部相貌、体征联系起来。这种体型说的观点在日常生活中很流行。例如，体态丰满往往被视为有豁达、开朗的性格；眼睛小、眉毛低而短，被视为"贼相"，有心术不正之嫌；天庭饱满、大耳垂轮，被视为富于智慧；剑眉高竖、膀阔腰圆，被视为具有英雄气概。总之，人们习惯在相貌、体格与人格之间寻找对应，以致把相貌、体格看作是人格标志，是决定人格的因素。有些学者试图从现代科学的角度分析人的体格与人格的对应关系。心理学家阿尔伯特（Albert Ellis）的特质论、艾森克（Hans J. Eysenck）的纬度说等实际上都是把眼光放在生物或遗传上。

2. 环境因素

环境因素包括家庭、学校和社会文化背景等社会环境因素。家庭因素包括家庭氛围、子女出生顺序、父母教养态度和方式以及家庭的社会经历等。在家庭环境中，父母的言行和态度对孩子发生着潜移默化的影响。研究表明，采用权威型的教养方式，父母在教育子女时表现得过于支配和控制，这种环境下长大的孩子容易形成消极、被动，依赖服从，懦弱甚至不诚实的人格特征；放纵型的教养方式，父母对于孩子过于溺爱，让孩子随心所欲，在这种环境下长大的孩子多表现为任性、幼稚，自私、野蛮无礼，独立性差；民主型的教养方式，父母与孩子处于一种平等和谐的家庭氛围中，父母尊重孩子，给予孩子一定的自主权和积极正确的引导，从而使孩子形成积极的人格特征，如活泼、快乐、直爽、自立，善于交往，乐于合作，思想活泼等。

学校的影响也是环境因素的一个重要方面。课堂教学内容、教师的教育方式、师生关系、班级集体气氛、个人在集体学习生活中的地位角色等，对人格的形成和发展都有着极其深刻的影响。许多人在回顾自己人格形成发展时，常常追溯到恩师的启蒙，同学好友的帮助和影响等。

社会文化因素对人格的影响更广泛、更持久、更隐性。个体人格的形成和发展总是存在于特定的社会文化背景中，不同文化中的不同经验影响着人格的发展，小到一个地区的风俗习惯，大到一个民族的宗教信仰，诸如电视、报纸、网络等媒体以及社会风气等，文化的影响无处不在，由于个体主义文化强调个人的需要和成就，强调个人的自由和权力（如北欧和美国），因而生长于这种文化中的人倾向于把自己看作是独立自主和独特的人；相反，生活在集体主义文化中的人则倾向于将自己归属于一个较大的群体，如家庭或宗族，这里的人们（如亚洲和非洲）对合作的兴趣胜于对竞争的兴趣，他们把集体的利益看成高于一切。

3. 个人经历

个人经历也就是个人的实践活动。个人的实践是个体社会化的必经途径和手段，也是人格形成和发展规律中不可逾越的阶段。某一特定的活动，要求人扮演相应的角色，久而久之，自然会形成这一活动所必需的人格特征，如长期从事医务工作的人渐渐就会形成谨慎细致的个性特点；长期从事公关、市场营销工作的人易形成外向、善交际的特点。不同的经历影响着不同的人格形成和发展，这种形成和发展过程也是个人不断自我调适、自我完善的过程。

四、人格结构的组成

在整个人格结构中，气质与性格是重要的组成部分，气质与性格的特点构成了人们各不相同的个性心理特点。

1. 气质

（1）气质的定义。气质相当于我们日常生活中所说的"脾气"和"性情"。现代心理学认为，气质是人的心理活动动力上的稳定特征，表现为行为的能量和时间方面的特点。例如，人们常说的"冲动"与"文静"、"敏感"与"迟钝"、"急性子"与"慢性子"等，都是用来描述气质的。

（2）气质类型。在西方，古希腊医生希波克拉底（Hippocrates）提出关于人的4种气质类型说。他认为，人体内有4种基本体液：血液、粘液、黑胆汁、黄胆汁，每种体液对应于一种气质。人体中4种体液可以有不同的配置，其中占优势的体液主导着人的气质类型。500年后，古罗马医生盖伦（Galen）对希波克拉底的4种类型采用了气质概念，这就是近代气质概念的由来。这4种体液与气质的对应关系是：血液——多血质、粘液——粘液质、黑胆汁——抑郁质、黄胆汁——胆汁质。不同的气质有不同的行为模式，例如，活泼、沉静、忧郁、急躁、易怒等。

人们对这4种类型做了进一步探讨，给出了较为明确的界定，归纳了这4种气质类型的不同特征（如表7-1所示）。

表 7-1　气质类型及其特征

气质类型	主要特征
多血质	敏感性低，反应性、主动性强，耐受性高，情绪发生快而多变、可塑性强，外倾性明显
胆汁质	敏感性低，反应性、主动性强，行为较刻板，情绪较冲动，抑制能力差，外倾向性明显
粘液质	敏感性低，反应性低，反应迟钝，行为刻板，兴奋性弱，情绪平和，内倾性明显
抑郁质	敏感性高，反应性和主动性低，反应迟钝，刻板，情绪低落、严重内倾

现代心理学研究发现，气质的特点是以高级神经活动的特性与类型为基础的，因为它是由生理因素决定的，因此较为固定而不易受外因左右，虽然具有一定的稳定性，在后天的生活中，由于环境与教育的影响，也可以发生某些改变。

气质本身并无好坏之分，不带道德评价和社会评价的内涵，不能决定个人的成败得失，但对人的学习、人际交往和心理健康有明显影响。

2. 性格

（1）性格的定义。性格一词最早是由古希腊学者提奥夫拉斯塔（Theophrastus）首先提出的。其意思是人的特征、标志、属性、特性等。现代心理学家对性格的定义有所不同，但性格几乎和人格的定义相同，是一个人独特的心理特征的总和。这些特征表现在人对待事物的稳定态度和行为方式上。例如，一个人事业心强，有责任感，对人热情，人际关系融洽；而另一个人，生活没有追求，缺乏责任感，对人冷淡，以自我为中心。这些就属于性格上的特征。

（2）气质与性格的关系。气质的特点表现在人的心理活动如何发生、进行和表现等方面，是人心理活动的动力方面的特点；性格则表现在人对现实生活的具体态度和如何行为上。性格一方面以气质的特点表现出来，另一方面又制约着气质的表现。例如，关心他人，乐于助人的性格，在有的人身上表现为遇事一马当先，主动为朋友出谋划策；在有的人身上则表现为默默为朋友分忧，考虑朋友想不到的地方，随时处理朋友可能出现的困难。再如，热爱学习的性格，在有的人身上表现为热情积极、主动性强、反应快；在有的人身上则表现为慢条斯理、一丝不苟、严谨踏实。

在现实生活中，很少有人是绝对的某种气质类型，这种对气质的划分是相对的，只是一种理论性划分。事实上绝大多数人都是介于两种或多种类型之间的。而气质和性格也是相互结合，密不可分，都是可以变化和完善的。一般说来，典型性格的人并不多见，多数人处于两极之间，只是偏向某一类型或某一类型的特征相对较多而已。每个人都有好的性格特征，也有不好的性格特征，所以每个人都应以积极的态度面对自己的性格，努力优化改造自己的性格。

 知识链接

性格与命运

古希腊哲人赫拉克利特（Hercclitus）说："一个人的性格就是他的命运。"这句话包含 2 层意思：①对于每一个人来说，性格是与生俱来、伴随终生的，永远不可摆脱，如同不可摆脱命运一样；②性格决定了一个人在此生此世的命运。

那么，能否由此得出结论，一个人命运的好坏是由天赋性格的好坏决定的呢？我认为不能，因为天性无所谓好坏，由此决定的命运也无所谓好坏。明确了这一点，可知赫拉克利特的名言的真正含义是，一个人应该认清自己的天性，过最适合于他的天性的生活，而对他而言这就是最好的生活。

一个灵魂在外游荡，有一天通过某一对男女的交合而投进一个凡胎。他从懵懂无知开始，似乎完全忘记了自己的本来面目。但是，随着年岁和经历的增加，那天赋的性质渐渐显露，使他不自觉地对生活有了一种基本的态度。在一定意义上，"认识你自己"就是要认识附着在凡胎上的这个灵魂，一旦认识了，过去的一切都有了解释，未来的一切都有了方向。

赫拉克利特的名言也常被翻译成："一个人的性格就是他的守护神。"的确，一个人一旦认清了自己的天性，知道自己究竟是什么人，他也就知道自己究竟要什么了，如同有神守护一样，不会在喧闹的人世间迷失方向。

资料来源：周国平.性格就是命运.读者，2005.

第二节　提升人格魅力

健康的人格是大学生心理健康的基础，它能够帮助大学生充分体验生活的乐趣，发掘他们自身的潜能，充实他们的精神世界，有助于营造健康的心理环境，提高他们的生活质量。虽然在人格形成和发展的过程中，每一个人都受到遗传和环境因素的制约，但我们不可忽视个体对人格自我塑造的作用。对大学生来说，了解什么是人格健康，怎样才能达到健康人格，对于心理健康是十分重要的。

一、健康人格的内涵

健康人格是指各种良好人格特征在个体身上的集中体现，是在生理健康的前提和基础上，由知、情、意、行四种要素构成的和谐完美的统一体。国内外学者对其做出了相应的论述。但从总体上看，不管何种论述，人格健康的人应该是有

利于社会和自我发展的人。从具体特征上讲，大学生的健康人格应符合以下标准：

1. 和谐的人际关系

人际关系是构成人类社会成员最普遍、最直接的关系。良好的人际关系可以调节身心状态，增强人的责任感。最能体现一个人人格健康的程度。人格健康的人乐于与他人交往，与人相处时，尊敬、信任等正面态度多于嫉妒、怀疑等消极态度。健康的人常常以诚恳、公平、谦虚、宽容的态度尊重他人，同时也受到他人的尊重和接纳。和谐的人际关系既是人格健康水平的反映，同时又影响和制约着健康人格的形成与发展。

2. 良好的社会适应能力

社会适应能力反映了人与社会的协调程度。人的社会适应能力是在社会化过程中不断发展的。人格健康的人能和社会保持良好的密切的接触，以一种开放的态度，主动关心了解社会，观察所接触到的各种事物和现象，看到社会发展的积极面和主流。在认识社会的同时，使自己的思想、行为跟上时代发展，与社会要求相符合，表现出能很快适应新环境的能力。不是让社会去适应自己，而是让自己去适应社会。

3. 乐观向上的生活态度

乐观的人常常能看到生活的光明面，对前途充满希望和信心，对自己所从事的工作或学习抱着浓厚的兴趣，并在工作和学习中发挥自身的智慧和能力，最终获得成功。即使生活中遇到困难和挫折，也能耐心地去应付，不畏艰险、勇于拼搏。相反，悲观的人常常看到生活的阴暗面，对任何事情都没兴趣，遇到一点挫折就情绪低落、怨天尤人，甚至自暴自弃。人格健康的学生对学习或自己的爱好怀有浓厚的兴趣，表现出想象力丰富、充满信心、勇于克服困难的个性特点。

4. 正确的自我意识

自我意识是个体对自己及自己与他人、与周围世界关系的认识。自我意识是一个完整的心理结构，表现于认知过程就是正确地认识自己，客观地评价自己；表现于情感过程就是自尊、自信，有自豪感、责任感，悦纳自己；表现于意志过程就是能够自我监督、自我调节，努力发展身心潜能。具有健康人格的大学生对自己有恰如其分的评价、充满自信、扬长避短，在日常生活中能有效地调节自己，与环境保持平衡。缺乏正确自我意识的人常常表现出自我冲突，自我矛盾，或者自视清高、妄自尊大，做力所不能及的工作，或者自轻自贱、妄自菲薄，甘愿放弃一切可以努力的机遇。

5. 良好的情绪调节能力

情绪对人的活动，对人的健康有重要影响。积极的情绪体验能使人振奋精神，增强自信，提高活动效率；消极的情绪体验会降低人的活动效率，甚至使人致病。情绪标志着人格的成熟程度。人格成熟的人情绪反应适度，具有调节和控制情绪的能力，经常保持愉快、满意、开朗的心境，并富有幽默感。当消极情绪出现时，能合情合理地宣泄、排解、转移、升华。

健康人格的各个标准都是相关的。具有体验丰富的情绪并控制情绪表现的人，通常是有能力满足自身基本需要的人，是能紧紧地把握现实的人，是获得了健康的自我结构的人，是拥有稳定可靠的人际关系的人。

总之，人格健康的人其人格的各个方面都是统一的、平衡的。上述论述不仅是衡量一个健康人格的尺度，同时也为大学生改善自己的人格提出了具体的努力目标。

 活动探索

我是一个独特的人

1. 目的

了解自己的长处和局限，为扬长避短、优化人格找到努力的方向。

2. 材料

白纸、笔。

3. 操作

（1）5~6 人一组。

（2）每人拿一张白纸对，左边列出你的长处，右边列出你的局限，尽可能列出你所想到的。

（3）写完后想一想，当你再一次清楚地看到自己的长处和局限时，将你觉察到、感受到的内容与其他同学交流分享。

 **知识链接**

人格面具

"人格面具"（Persona），这个词来源于希腊文，本义是指使演员为了在一出剧中扮演某个特殊角色而戴的面具，也被荣格称为从众求同原型（Conformity archetype）。"人格面具"的形成是普遍必要的，对现代人的生活来说更是重要的，其产生与教育背景有着非常密切的关系。它保证了我们能够与人，甚至是与那些我们并不喜欢的人和睦相处。"人格面具"为各种社会交际提供了多重可能性，是社会生活和公共生活的基础，它的产生不仅仅是为了认识社会，更是为了寻求社会认同。也就是说"人格面具"是以公众道德为标准的、以集体生活价值为基础的表面人格，具有符号性和趋同性。在荣格眼中"人格面具"在人格中的作用既可能是有利的，也可能是有害的。如果一个人过分热衷于和沉湎于自己扮演的角色，如果他把自己仅仅认同于自己扮演的角色，人格的其他方面就会受到排斥。像这样受"人格面具"支配的人就会逐渐与自己的天性相疏远而生活在一种紧张的状态中，因为在他的过分发达的"人格面具"和极不发达的人格的其他部分之间，存在着尖锐的对立和冲突。

资料来源：http://baike.baidu.com/view/1666896.htm?fr=aladdin.

 活动探索

自我认知 12 问

1. 目的

自我认知 12 问是帮助你认识自己的一种方法，可以帮助你找出优点。

2. 操作

（1）请你把头脑里浮现出来的答案一一写出来。

（2）这是自我分析材料，可以不给别人看。所以想到什么写什么，不要有顾虑。

（3）回答每次提问的时间为 20 秒，如果写不出来，可以略去，继续往下写。

3. 回答下列问题

（1）你喜欢自己的哪些方面，不论它们看似是多么无足轻重、多么转瞬即逝？

（2）你有什么积极的品质？

（3）你有过什么成就，不论它们多么微不足道？

（4）你曾面对过什么挑战？

（5）你有什么天分或才智，不论它们看似多么不足称道？

（6）你有什么技能？

（7）其他人喜欢你的哪些方面？

（8）他人有什么为你欣赏的品质和行为你也有？

（9）你有哪些方面，如果它们表现在别人身上你就会欣赏？

（10）你忽视了哪些细微的积极方面？

（11）你没有哪些缺点？

（12）一个关心你的人会怎样评价你？

二、健康人格培养方法

　　健全的人格是大学生心理健康的基础，大学阶段也是人格形成的最后阶段，在此阶段塑造出适应时代、适应社会的人格素质是非常必要的。大学生健康人格的塑造，需要全社会、学校、家庭和大学生自身的共同努力。而健康人格的塑造，最关键的还在于大学生自身。人格是稳定的，但在后天的努力下也能培养良好的人格品质，且可以改变不良的人格品质，为此，大学生可采取以下方法和途径。

　　1. 丰富知识

　　学习科学文化知识、增长智慧的过程就是塑造和优化人格的过程。在现实中，不少人格缺陷甚至障碍都来源丁知识的贫之。无知容易使人粗俗、自卑，而丰富的知识则使人明智、自信、坚强、谦和、大度等。

　　2. 树立积极向上的人生观，建立符合自身能力的奋斗目标

　　一个人有了正确的人生观、价值观和世界观，就能对社会对人生抱有正确的认识和看法。当遇到困难或挫折时，能够站得高，看得远，正确地分析事物，采取适当的态度和行为，稳妥地处理事情。这样的大学生更容易形成心胸开阔、乐观开朗的人格品质，更有利于心理健康的保持。

　　3. 面向社会，勇于实践

　　具有创新精神和实践能力是对当代大学生的素质要求，也是健康人格的重要组成部分。学习活动可以培养人格，但社会实践活动对大学生人格塑造更具有直观的影响。社会是一个大舞台，每个人都必须接受社会生活的锻炼，才能把握自己的角色，形成自己独特的人格。因此可以说，社会实践活动是大学生人格塑造的一个重要途径。实践证明，在大学期间参加社会实践活动的大学生大多具有头脑灵活、思路开阔、独立性强、富于创造性、善于交往、自信、果断、讲效率等良好的人格特征。这些学生知识面广，社会经验丰富，毕业后大多能很快适应新的工作环境。

　　4. 从小事做起，培养良好习惯

　　人格优化要从每一件眼前的事情做起。一个人的所行往往是其人格的外化，反过来，一个人日常言行的积淀成为习惯就是人格。小事不仅有塑造人格的丰富意义，而且无数良好的小事可"聚沙成塔"，最终形成优良的人格，诸如一个人的坚韧、细致、乃至开朗、热情、乐观都是长期锻炼的结果。

　　5. 建立良好的人际关系，融入集体

　　我们知道人格发展的过程也是个人社会化的过程。人格在集体中形成，也在集体中展现。集体是个人展现人格的平台，也是认识自我的一面镜子。首先，大

学生应该接近他人、关心他人，与他人建立和谐的人际关系，了解他人的需求，解决他人的困难，体察他人的喜怒。通过关心他人，培养助人为乐的好品格。其次，真诚与他人交流。真诚友好而有度地开放自己，达到与他人心灵的沟通，是建立良好人际关系的基础。

人格的健全是心理健康的根本标志，重视人格的培养，既是健康的需要，也是发展的需要；既是现实的需要，又是未来的需要。大学生要充分认识到健康人格对自身发展的必要性，要充分发现自己的长处，但又要寻找和承认自己的不足，勇敢地面对挑战，不断地发展自己，促使自身健康人格的完善。

【回顾与思考】

1. 什么是人格？人格对个人的成长与发展有哪些影响？
2. 分析自己的人格特点并说明形成过程。
3. 根据所学内容谈谈如何提高自己的人格魅力？

【拓展训练】

气质性格自测

1. 目的

通过以下60题可大致确定人的气质类型。

2. 操作

在回答下列问题时，若与自己的情况"很符合"记2分，"较符合"记1分，"一般"记0分，"较不符合"记1分，"很不符合"记2分，并填入"气质测验答卷"中。

（1）做事力求稳妥，一般不做无把握的事

（2）遇到可气的事就怒不可遏，想把心里话全说出来才痛快

（3）宁可一个人干事，不愿与很多人在一起

（4）到一个新环境很快就能适应

（5）厌恶那些强烈的刺激，如尖叫、噪声、危险镜头等

（6）和人争吵时，总是先发制人，喜欢挑衅别人

（7）喜欢安静的环境

（8）善于和人交往

（9）羡慕那种善于克制自己感情的人

(10) 生活有规律，很少违反作息制度

(11) 在多数情况下情绪是乐观的

(12) 碰到陌生人觉得很拘束

(13) 遇到令人气愤的事，能很好地自我克制

(14) 做事总是有旺盛的精力

(15) 遇到问题总是举棋不定、优柔寡断

(16) 在人群中从不觉得过分拘束

(17) 情绪高昂时，觉得干什么都有趣；情绪低落时，又觉得什么都没有意思

(18) 当注意力集中于一事物时，别的事很难使我分心

(19) 理解问题总比别人快

(20) 碰到危险情景，常有一种极度恐怖感

(21) 对学习、工作怀有很高的热情

(22) 能够长时间做枯燥、单调的工作

(23) 符合兴趣的事情，干起来劲头十足，否则就不想干

(24) 一点小事就能引起情绪波动

(25) 讨厌做那种需要耐心、细致的工作

(26) 与人交往不卑不亢

(27) 喜欢参加热烈的活动

(28) 爱看感情细腻、描写人物内心活动的文艺作品

(29) 工作学习时间长了，常感到厌倦

(30) 不喜欢长时间谈论一个问题，愿意实际动手干

(31) 宁愿侃侃而谈，不愿窃窃私语

(32) 别人总是说我闷闷不乐

(33) 理解问题常比别人慢些

(34) 疲倦时只要短暂的休息就能精神抖擞，重新投入工作

(35) 心里有话宁愿自己想，不愿说出来

(36) 认准一个目标就希望尽快实现，不达目的，誓不罢休

(37) 学习、工作同样一段时间后，常比别人更疲倦

(38) 做事有些莽撞，常常不考虑后果

(39) 老师或他人讲授新知识、新技术时，总希望他讲得慢些，多重复几遍

(40) 能够很快地忘记那些不愉快的事情

(41) 做作业或完成一件工作总比别人花时间多

(42) 喜欢运动量大的剧烈体育运动，或者参加各种文艺活动

(43) 不能很快地把注意力从一件事转移到另一件事上去

(44) 接受一个任务后，就希望把它迅速解决

(45) 认为墨守成规比冒风险强些

(46) 能够同时注意几件事物

(47) 当我烦闷的时候，别人很难使我高兴起来

(48) 爱看情节起伏跌宕、激动人心的小说

(49) 对工作抱认真严谨、始终一贯的态度

(50) 和周围的人关系总是相处不好

(51) 喜欢复习学过的知识，重复做能熟练做的工作

(52) 希望做变化大、花样多的工作

(53) 小时候会背的诗歌，我似乎比别人记得清楚

(54) 别人说我"出语伤人"，可我并不觉得这样

(55) 在体育活动中，常因反应慢而落后

(56) 反应敏捷，头脑机智

(57) 喜欢有条理而不甚麻烦的工作

(58) 兴奋的事常使我失眠

(59) 老师讲的新概念常常听不懂，但是弄懂了以后就很难忘记

(60) 假如工作枯燥无味，马上就会情绪低落

3. 计分与解释

把每行的分值相加即为该项的得分。

（1）如果某一项或两项的得分超过 20 分，则为典型的该气质。如胆汁质超过 20 分，则为典型胆汁质；粘液质和抑郁质项得分都超过 20 分，则为典型粘液质—抑郁质混合型。

（2）如果某一项或两项以上得分在 20 分以下，10 分以上，其他各项得分较低，则为该项一般气质，如一般多血质或一般胆汁质—多血质混合型。

（3）若各项得分均在 10 分以下，但某项或几项得分较其余为高（相差 5 分以上），则为略倾向于该项气质（或几项的混合），如粘液质型或多血质—胆汁质混合型。其余类推。一般来说，正分值越高，表明该项气质特征越明显。反之，分值越低或越负，表明越不具备该项气质特征。

气质测验答卷

	题号	2	6	9	14	17	21	27	31
胆汁质	得分								
	题号	36	38	42	48	50	54	58	总分
	得分								

续表

多血质	题号	4	8	11	16	19	23	25	29
	得分								
	题号	34	40	44	46	52	56	60	总分
	得分								
粘液质	题号	1	7	10	13	18	22	26	30
	得分								
	题号	33	39	43	45	49	55	57	总分
	得分								
抑郁质	题号	3	5	12	27	20	24	28	32
	得分								
	题号	35	37	41	47	51	53	59	总分
	得分								

【推荐阅读】

1. 阅读《健康人格心理学——有效促进心理健康的 14 种模式》. 杨眉著. 北京：首都经济贸易大学出版社，2010.

本书详细阐述了 6 个学派 14 种健康人格观，用流畅的语言，深入浅出地道出了不同理论学派主要代表人物从各自不同视角对人格的理解，并提供了各自促进心理健康的参照模式。

2. 阅读《12 色彩性格》. 康耀楠著. 北京：语文出版社，2010.

作者以 9 张方形的作品为出发点，创作了第一套艺术心理分析图卡，经过对中国台湾地区及内地不同性别、不同年龄、不同职业的数万人的实验测试，建立了 12 色彩性格的常模。12 色彩性格测验，就是为每个人编上色彩代码，就像以前我们会用生肖属性、星轮落点、血型分类等，套用到所有认识的人，并存入自己的记忆系统里。

3. 阅读《决定你一生的人格魅力》. 林昊著. 北京：中国华侨出版社，2008.

这本书告诉我们要像善待自己的孩子那样培植自己的人格魅力，当你的人格魅力积聚到一定程度的时候，就会发挥它无穷的力量。

第八章　感恩家庭

学习与行为目标

了解家庭的特点和各种类型；
了解家庭在大学生成长中的影响
学会理解父母，接纳家庭，承担责任，感恩家庭

无论是国王还是农夫，家庭和睦是最幸福的。

——歌德

让孩子感到家庭是世界上最幸福的地方，这是以往有涵养的大人明智的做法。这种美妙的家庭情感，在我看来，和大人赠给孩子们的那些最精致的礼物一样珍贵。

——华盛顿

家庭是孩子成长的第一环境，对孩子生理成才与心理成长有着关键作用。对人的重要意义不言而喻。"家庭是孩子成长的摇篮"，也是孩子的避风港湾。曾有一位社会学家认为，对孩子成长最有影响的是家庭、学校、同龄伙伴、大众媒体。在这几个方面中，家庭是放在首位的。由此可见，家庭对孩子的影响是首要的。那么如何理解家庭？如何帮助家庭中的孩子健康成长？这是许多学者一直探讨的问题。本章将探讨家庭及家庭对孩子的影响，帮助学生了解家庭对孩子人格形成、心理健康的影响，促进学生以成人心态面对家庭，理解、接纳家庭，在家庭中获得成长。

第一节 认识家庭

【案例】

家庭是子女的第一个学校

北京海淀区法院少年法庭庭长尚秀云共亲手审批了629名未成年犯罪者。她发现，"问题少年"往往是"问题父母"的产物，每7个编造谎言犯诈骗罪的少年中，有6个的家长不诚实；每14个偷拿他人财物犯盗窃罪的少年中，有13个的家长崇尚金钱、贪小便宜；每15个持械斗殴犯故意伤害罪的少年中，有12个的家长性格粗暴、爱与人争斗、动辄打骂孩子。她认为家庭教育的失当和孩子成长的家庭环境的不良是导致未成年人犯罪的一个非常重要的原因。

家庭是子女的第一个"学校"，父母是孩子的第一个"老师"，潜移默化的家庭教育及影响，将会直接关系到子女的成长和发展。

资料来源："少年庭法官谈家庭教育缺陷与青少年犯罪"，人民网 http://edu.people.com.cn/GB/8112526.html.

英国教育改革家欧文指出，人生来时不具有某种性格。每个人的性格从来不是并且永远不可能由他自己形成，而是由"外力"为他形成的。所谓"外力"有2个方面：一是遗传因素，他们的品质是在他们出生时不经他们同意就获得的。这就产生了气质、才能上的差异。二是社会环境，欧文强调的社会环境包括社会制度及教育。一般来说，孩子从出生到学龄前这个阶段，孩子的重要生长环境就是家庭，家庭环境的好坏有可能决定孩子的性格，影响孩子的一生。那么什么是家庭？心理学家们是怎么理解家庭的呢？下面让我们一起来学习吧。

一、家庭的定义

从传统和法律的角度看，家庭是指居住在一起的，由血缘、婚姻或收养关系联系在一起的两个或两个以上的人们。随着单身男女的不断增加，无子女家庭的不断增加，促使人们重新思考和界定家庭这样的社会组织。有些学者提出了新的对于家庭的观点，认为只要和具有"归属、患难与共、相互许诺且分享亲密、资源、决策与价值"特质的人生活在一起，即可称为"家庭"。无论是哪种定义，这些都是对社会现实或理想现实某些方面的阐释，不必将某些行为和制度视为必须。因为在社会现实中还存在以下场景：再婚、双职工家庭、夫妇式家庭、单亲家庭、同性婚姻等。由此，也提醒我们不应该把家庭看作是稳定的一个社会机构，而是一个不断变化的过程。

总之，家庭不是人与人之间的简单组合或相加，而是通过婚姻、血缘、收养等关系组成的一个社会共同体，成员间相互支持，彼此关爱，彼此依赖，通过许多纽带连接，关系密切，并且具有多种功能。

二、家庭的分类

由于家庭的规模和组成的不同，家庭人口数量、内部代际层次的特点，会出现不同的家庭结构类别。了解不同的家庭结构类型，对于理解家庭是很有帮助的。

1. 按家庭的规模划分

这是依据家庭的人口数来划分的，可以分成大家庭、小家庭和单身家庭。城市化进程的不断加快，我国大城市中单身男女数量不断增加，离婚率不断升高，我国目前有相当数量的单身家庭存在。

2. 按家庭成员配偶的人数和对数划分

根据家庭成员配偶的人数和对数可以划分为以下几类：一夫多妻制家庭、一妻多夫制家庭、多夫多妻制家庭和一夫一妻制家庭。对于大多数社会而言，一夫一妻制是最传统、最适当的婚姻形式，这也是当前社会唯一得到认可，并且处于主导地位的婚姻形式。

3. 按家庭的代际层次和亲属关系划分

家庭有时是小的，只有夫妻，有时又是大的相互依靠的网络。从家庭的代际层次和亲属关系可以将家庭分成这样几种家庭：核心家庭、主干家庭、联合家庭、变异家庭。

（1）核心家庭。核心家庭是人类家庭的一种组合形式，即由一对夫妇及其未婚子女生活在一起而组成的家庭。家庭规模小，关系简单，只有一个核心，是最稳定的一种家庭结构。社会中上阶层或工业家庭一般为核心家庭。

（2）主干家庭。主干家庭又称作直系家庭或者扩大的核心家庭，是由一对夫妇与父母和未婚子女一起生活的家庭。

（3）联合家庭。联合家庭，即家庭中任何一代含有两代以上夫妻的家庭，如父母和两对或两对以上已婚子女及其孩子组成的家庭，或是兄弟姐妹婚后不分家的家庭。

（4）变异家庭。在我们的社会中还存在一些其他类型的家庭，也可以称为变异家庭。主要指那些不符合通常所理解的家庭概念的生活组织形式，如夫妻家庭、扩大家庭、隔代家庭、单亲家庭、同性恋家庭、未婚同居家庭、单身家庭。

以上所介绍的各种家庭类型，一定会对其中的儿童成长有非常大的影响。家庭的规模，人口的多少、代际之间的冲突与矛盾，甚至是生活习惯和理念等都会影响到孩子的心理成长与发育。而许多成人所表现出的问题，也都可以追溯到儿童时期。所以了解家庭及其方方面面是非常必要的。

 活动探索

家庭罗盘

1. 目的

促进成员对家庭概念的理解。

2. 时间

40分钟。

3. 材料

A4纸、笔。

4. 操作

（1）领导者发言导入：家庭是孕育我们的地方，我们自身的一切都首先源于家庭。"家庭"到底是什么呢？我们如何理解它？请大家做下面的练习。

（2）完成练习后，每个人进行分享，成员可以从其他人的分享中得到启迪。分享后小组长进行总结。

（3）请2~3名小组代表分享小组总结及活动感受。领导者从家庭的含义和本质、家庭结构、家庭功能等方面做总结。

附：家庭罗盘图（见图8-1）

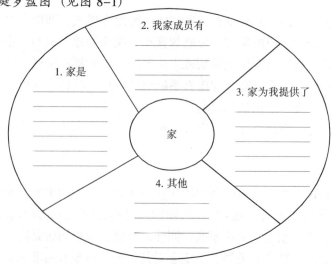

图8-1　家庭罗盘

三、家庭理论

对于家庭的研究，社会学和心理学都已经形成了丰富的研究成果。不同理论从不同角度看家庭，这对于我们理解家庭有重要作用。下面将对家庭系统理论、符号互动理论、萨提亚家庭理论进行介绍。

1. 家庭系统理论

家庭系统理论把家庭看作是一个由若干子系统组成的系统，同时也是更大的社会系统的子系统。家庭子系统包括父母婚姻关系系统，父母与子女的亲子关系系统，兄弟姐妹之间的同伴关系系统等。家庭成员交互作用时所产生的有形和无形规则构成了比较稳定的家庭结构，成员间形成特定的交往模式。每个子系统之间既有联系又有牵制，从而促成家庭系统有序运转，家庭功能充分体现。家庭作为一个系统整体，可开放也可封闭，即它可以主动地与家庭外系统进行交互作用，也可以主动地脱离与家庭外系统的交互作用。该理论的主要假设有：家庭关系是影响人们心理健康与个人是否病态的主要因素；家庭的互动模式可以代代相传；家庭的健康建立在家庭向心力及个别成员是否被尊重的平衡点上；家庭弹性越好，功能越好；个人问题常和家庭的互动模式及家庭价值观有关；任何小系统的改变都可能引起家庭大系统的改变等。

2. 符号互动理论

社会心理学家米德（G.H.Mead）开创了符号互动论。符号指所有能代表人的某种意义的事物，比如语言、文字、动作、物品甚至场景等。他认为符号是社会生活的基础，人们通过各种符号进行互动，人们可以借助于符号理解他人的行为，也可以借此评估自己的行为对他人的影响。自我就是人们在与他人的互动过程中逐渐获得的。

E. W. 伯吉斯将心理学范畴中的互动论思想运用到家庭研究中，将家庭理解为互动关联着的人们之间的一种调适关系，是"人格互动的单元"。在家庭研究中，互动论侧重研究家庭内部互动关系，认为家庭与社会、家庭中的人与人之间的相互作用是通过象征性的行为来沟通的，强调个人对家庭的顺应、家庭内部协调，强调人们的价值系统解释对家庭的影响，强调沟通方式在家庭关系中的重要作用等等。

3. 萨提亚家庭理论

维吉尼亚·萨提亚（Virginia Satir）通过与有问题家庭以及教育良好家庭的接触，认识到世界上的任何家庭都涉及同样的4个问题：①每个人都有价值感，可能是积极的，也可能是消极的，问题是：哪种才是价值感？②每个人都进行沟通，问题是：沟通是如何发生的，结果如何？③每个人都遵守规则，问题是：什么种类的规则对她或他起作用，效果如何？④每个人都与社会有联系，问题是：以什么样的方式与社会发生联系？结果如何？

问题家庭和和谐家庭在这4个核心问题上存在着根本差异。在所有问题家庭中，萨提亚观察到以下特征：自我价值感很低；沟通间接、含糊、不真诚；规则严格、非人性化，而且不可谈判、永恒不变；家庭以畏惧、谴责的方式与社会发生联系。在有生机、教养良好的家庭里，模式不同，特征如下：自我价值感很高；沟通直接、清楚、明确、真诚；规则富有弹性，又很人性化，恰当而且可变；与社会的联系是开放、充满希望的，是在选择的基础上建立的。

 活动探索

家谱图

1. 目的

协助成员探索原生家庭，分析其对自我影响。

2. 时间

60分钟。

3. 材料

A4纸、笔。

4. 操作

（1）领导者讲解家谱图的画法，请小组成员画出自己的家谱图。需要注意的是，即使某个家庭成员缺失了，但如果他或她曾卷入到成员的生活中（尤其是早期生活），也需要画出来，例如：去世的姥姥，小时候曾抚养自己。

（"△"代表男性，"○"代表女性，"="代表婚姻关系，"□"代表血缘关系，若家庭成员缺失则在相应符号内画"×"。缺失成员的符号请画虚线。）

例如典型的核心家庭家谱图：

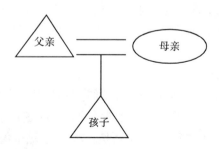

例如典型的主干家庭家谱图：

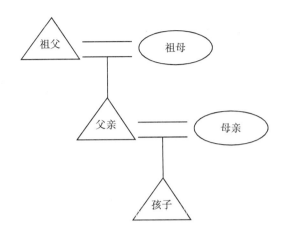

（2）小组成员按照以下4个阶段描绘自己的家谱图，将相关信息写在对应家庭成员的旁边。如果成员对某方面的信息不了解，可以进行"虚构"。

第一阶段，请描述父母双方的名字，结婚日期，生日和出生地，当前年龄或去世年龄，职业，教育水平，宗教信仰，业余爱好。

第二阶段，继续为父母增加下面的内容：3个描述性的形容词，在压力情景下表现出的最主要的应对姿态，在压力情景下表现出的次要的应对姿态。

第三阶段，所有的子女，按照长幼顺序排列，为每个孩子补充第一阶段的信息，为每个孩子补充第二阶段的信息。

第四阶段，以自己家庭的三阶段图为例，画出祖父母家庭、外祖父家庭的三阶段图，这样得到3个独立的三阶段家谱图。第四阶段主要补充以下内容：父母和祖父母家的家庭法则，任何家庭模式（职业、疾病、死亡原因等），家庭持有的价值观和信念（例如教育观、金钱观、人生观等），家庭秘密，家庭主题等。

（3）描述4个阶段的家谱图后，请每位成员思考：父母各项信息与我有何关联？兄弟姐妹各项与我有何关联？祖父母家庭与父母家庭有何关联？分析哪些是正向关联，哪些是负向关联？

（4）小组内分享家谱图并交流思考结果。领导者请小组代表做总结，分享心得体会。最后领导者做总结：家谱图是我们探索原生家庭影响的重要方法之一，通过它我们可以探索家庭模式、家庭关系、家庭法则、家庭观念等方面对自我的塑造和影响，影响可能是积极的，也可能是消极的。任何家庭既有爱，也可能存在伤害。我们要宽容地对待家庭中的伤害，并努力做出改变并降低它。

第二节　感恩家庭

《学习与革命》中有这样一段话:"如果一个孩子生活在批评中,他就学会了谴责;如果一个孩子生活在敌意中,他就学会了争斗;如果一个孩子生活在恐惧中,他就学会了忧虑;如果一个孩子生活在怜悯中,他就学会了自责;如果一个孩子生活在讽刺中,他就学会了害羞;如果一个孩子生活在嫉妒中,他就学会了嫉妒……"中国古代有"孟母三迁"的故事,说的是孟母为了给孩子更好的教育环境和氛围而不断搬家的故事。当代有许多关于家庭环境和家庭教育对儿童成长的研究表明,儿童的成长、人格的形成都会受到家庭的影响。反观,每一个人的成长、成熟都离不开家庭的培育,离不开父母的培养和付出。理解家庭,学会感谢我们获得的一切,学会对父母和家庭感恩是我们生活中重要的内容。

一、家庭对大学生的重要意义

家庭是儿童社会化的主要场所,父母是社会化的最先执行者和基本执行者。儿童的社会知识、道德规范和社会行为首先是从家庭中获得的,社会价值观念和社会化目标也是通过父母传递给儿童的。儿童的自我发展、人际关系互动、情绪和行为社会化等都是从家庭系统中逐步发展起来的,最初的观念和模式深刻影响着成人后的社会生活。正如萨提亚的观点认为的,家庭塑造了你的自尊高低与否、生存姿态健康与否、与社会联系开放与否,等等。

大学生认识家庭、探索原生家庭对自我的影响能够帮助他们更好地觉察自我人格、成长模式、人际关系模式等,便于做出改变,完善自我,更好地适应社会。另外,认识了家庭塑造人的重要性,也利于大学生组建一个幸福和谐的新家庭,做更称职的父母。如果大学生不能深刻地理解家庭和其重大影响,可能会代际传递原生家庭的不健康模式,继续塑造一个不健康、不快乐的后代。这不仅关系到个人的幸福感和价值感,也关系到社会的和谐发展。

二、家庭对于大学生的影响

进入到大学校园的同学们,身上带着不同家庭的烙印。在大学的学习、生活中因为各自家庭的影响而在很多方面呈现差异。研究者采用家庭环境量表对家庭进行了研究。家庭环境量表(Family Environment Scale,FES)是美国心理学家R.Moss和B.Moss于1981年编制的,它能比较全面地反映出一个客观家庭环境。我国学者于1991年对家庭环境量表(FES-CV)先后进行了3次修订,已经具有了比较好的效度和内部一致性，并建立了中国常模。因此，目前关于主观家庭环境的研究一般都采用该表。下面谈谈家庭关系、家庭环境、家庭功能对子女的影响。

1. 家庭关系影响着子女的心理状况

家庭关系对于孩子的心理状况有很重要的影响。McGee 等利用该家庭环境量表对问题儿童进行调查后得出结论，认为这类家庭中亲密度差，情感表达低，矛盾冲突多。20 世纪 90 年代以来，我国学者的研究也证明，子女心理症状与家庭亲密度、情感表达、娱乐性、知识性、宗教观、组织性呈负相关，与矛盾性、成功性、控制性呈正相关。学业不良的子女家庭具有环境亲密度低、情感表达少、矛盾冲突多、知识性和娱乐性较少等特点。也就是说，如果家庭成员之间缺乏关心、支持和帮助，彼此情感表达不充分，家庭矛盾冲突多，娱乐活动少，家庭活动缺一定的计划和组织性，对子女的控制过严、要求过高等不良倾向，将导致子女出现一系列的心理问题，甚至出现精神性疾病，同时对子女的学业产生负面影响。

2. 家庭环境对子女的成长有影响

居住条件对儿童的成长、发展也有相当的影响，家庭居住条件狭窄会使儿童缺乏安静的学习环境和足够的生活天地，儿童的活动常常会受到大人们的干扰。比较大的孩子和父母同睡在一个房间里，或者两三代人同室而居，会在一定程度上对儿童的生理、心理发育造成不良影响，在一定条件下还会导致两性罪错问题。我国当前住宅条件已有很大改善，但新式的城镇住宅大都为单元住宅，一家一套，户与户之间互不干扰，这样做虽然避免了许多纠纷，但相互隔绝不利于人际交往，特别是不利于儿童间的相互交往，减弱了儿童的合群能力和适应环境的能力。所以建议新设计的住宅应考虑建筑一些比较宽敞的公共走廊或开辟其他活动空间，以增强儿童的户际交往，有利于儿童身心健康发展。

3. 家庭功能对大学生成长的影响

"家庭功能"概念的提出始于 20 世纪 70 年代，Epstein 和 Skinner 认为家庭的基本功能是为家庭成员生理、心理、社会性等方面的健康发展提供一定的环境条件。为实现这一基本功能，家庭系统必须完成一系列的任务，如满足个体在衣、食、住、行等方面的物质需要，适应并促进家庭及其成员的发展，应付和处理各种家庭突发事件等。有许多研究已经发现，在家庭功能失常的家庭中，子女的行为容易出现混乱。家庭沟通不良会导致子女产生孤独感，或者形成孤独行为，从而影响子女的健康成长。

现在越来越多的研究者逐渐抛弃过去单独探讨某个或者某些家庭因素的研究范式，把家庭看作一个系统来研究。家庭作为一个系统，系统中的任何一个因素变动，都会影响系统中的其他部分；系统是由不被人们觉察的内部动力维持运行的，这种动力会决定家庭成员的关系；当家庭动力符合自然的原则时，家庭成员是健康和谐的，每个成员能体验到"爱的流动"；反之，家庭成员会感到困扰，形成"心结"。个人的心理问题常源于家庭过去的环境，虽然目前的家庭情况看不出与其心理问题有什么直接的连带关系，但追究问题的根源，当前的心理状况往往是成长过程中受到的重大影响造成的。因此，关注家庭，认识和了解家庭，对于提升大学生的心理健康有着重要的意义。

三、接纳家庭，学会成长

在大学生的成长中，家庭因素起重要作用。在一定意义上，现在的状态很多都是源于原生家庭的。当然，这些结果有让人觉得满意的，也有不满意的，甚至会心生怨恨。面对这些过往的家庭经历，作为一名大学生，应该如何去看待？

首先，理解过去，接纳家庭。"理解万岁"一词曾经辉煌无比，在对待自己的原生家庭，理解也是非常重要的态度。努力去理解自己的原生家庭，理解父母的教育方法和方式，而不是停留在过去的时光中，用抱怨、指责去批评自己的父母、家庭，这是一个人心智成熟的重要表现。在原生家庭中，大多数的父母都对孩子充满了爱心，只是他们表达爱的方式有各种形式。有些父母，用平等的姿态去教育孩子，因为他们希望自己不仅是父母更是孩子最好的朋友；有些父母，一直高高在上，并用各种武力手段去维护自己的权威，希望用这种方式去教育孩子；还有些父母，把孩子当作附属品，随意安排他们的生活；当然还有各种类型的父母，甚至有些可以用"奇葩"二字来形容。不同的教育，带来不同的心理状态。无论好与坏，满意或是不满意，他们都已经成为过去。要理解，许多父母是在没有学会怎么当父母之前，就承担了这个角色，他们其实也是在黑暗中摸索前进，他们并不知道哪种方法、方式是好的，哪种教育手段对孩子是有帮助的，甚至都不知道他们所选择的方法和手段，并不一定会带来他们自己所预期的结果。作为一个心智成熟的大学生，学会将过去的沉重包袱扔掉，才能够轻松前行。请记住，所有你的过去，都不能定义你是谁，你现在的选择，才会是真实的你。

其次，努力学习，提高个人心理品质。个体的心理素质是先天遗传因素和后天环境共同作用的结果。在心理素质的形成过程中，个体并不是被动地接受后天环境的作用，通过学习、观察、思考等行为活动，个体可以将被动变成主动。大学生已经对人生观、价值观、世界观有了基本的认识，具备一定的选择、判断能力，能够有选择地学习那些对个人心理品质有帮助的资源，对于后天环境的影响做选择性的控制。在认识、理解家庭的重要意义基础上，大学生通过学习相关的心理健康知识，调整个人心态，从容面对过去，重点关注现在，微笑迎接未来。

 **活动探索**

一、父母名片

1.目的

促进成员对父母的了解和关爱。

2.时间

30分钟。

3.材料

纸、笔。

4.操作

(1)小组成员制作父母名片，名片内容包含下面的内容，样式自由发挥。

A. 父母的姓名

B. 父母的生日

C. 父母的职业

D. 父母的爱好

E. 父母的星座

F. 父母喜欢的颜色

G. 父母的性格特点

H. 父母为人处世的原则

_____ (其他内容自愿添加)

(2)小组内分享父母名片。如果有些信息自己不知道，请回家向父母了解。

(3)请小组代表2~3人分享活动感受：对父母了解多少？制作名片过程中感受如何？

二、沟通姿态

1.目的

观察自我沟通姿态，反思应对方式和生存姿态。

2.时间

60分钟。

3.材料

纸、笔。

4. 操作

（1）领导者简要介绍萨提亚的沟通模式。萨提亚认为家庭塑造人的沟通模式。通过观察，他发现人们在交流过程中，为了避免被拒绝的威胁、保护自尊而采用4种不良的表达模式有：讨好（以使对方不至于发怒）、指责（以使他人认为你是坚强的）、超理智（将一切事件理性化，使个体能在应对威胁时好像威胁是无害的，将自己的自尊心很好地隐藏在大话和充满智慧的辞藻之下）、打岔或者心不在焉（可以忽略威胁的存在，表现的好像威胁并不存在一样）。他认为成熟的沟通模式是表里一致的。

（2）小组成员按照领导者的要求进行角色扮演，逐个做出所描述的4种沟通姿态，保持这种姿态60秒，看看你身上发生了什么。当处于某种姿态时，不要忙于思考，请认真地感知身体的反应（呼吸、肌肉、内脏感觉等）。

类型	姿态
讨好	"单膝跪地，向上伸出一只手给予，另一只手则紧紧捂住胸口"，或"双膝跪地，一只手撑在地面上，另一只手挡开一个迫近的攻击"
指责	挺直脊背，用一根手指指向他人，迈出左脚，右手放在腰际，皱眉并绷紧面部肌肉
超理智	站得笔挺僵直，毫不动弹，将胳膊放在体侧，或者是对称地抱在胸前，面部毫无表情
打岔	看起来歪歪斜斜，背部扭曲但仍然保持站立的姿态。两膝相对，两只胳膊和手掌都面向上伸出，头竖起来，严重地倒向一侧，两眼凸出，嘴巴张开并扭曲着，脸上很多部位在抽搐。为了维持平衡，打岔者必须不断移动

（3）2人一组进行角色扮演，选择生活中的一个沟通情景，按下面的组合进行模拟，每个练习都坚持60秒，体验4种姿态的身体反应、情感体验、内部语言以及影响等。扮演之后在小组内分享总结。

成员 A	成员 B
讨好	指责
讨好	超理智
打岔	讨好
指责	超理智
指责	打岔
超理智	打岔

1）领导者请小组代表分享活动体验和感受。领导者按照下表做总结。

讨好反应

言语	情感	行为
同意： "这全是我的错" "没有你我什么也不是" "我在这儿就是为了让你高兴"	乞求： "我很无助" 恳求的表情和声音 虚弱的身体姿势	依赖型的受难者： "好得过分"的行为操守 道歉、请求宽恕、哀诉和乞求 屈服
内心体验	心理影响	生理影响
"我觉得自己无足轻重" "我毫无价值"	神经质 抑郁 自杀	消化道疾病 肠胃问题，如恶心等 糖尿病、偏头痛、便秘

责备反应

言语	情感	行为
否定： "你从来没做对过一件事情" "你怎么回事" "这全是你的错"	责备： "在这里我是头儿" 强有力的身体姿势 僵硬紧绷	攻击： 评判 命令 寻找错误
内心体验	心理影响	生理影响
孤立： "我是孤独而且不成功的"	偏执狂 违法 杀人	肌肉紧张和背部问题 血液循环问题和高血压 关节炎 惊恐 哮喘

超理智反应

言语	情感	行为
极度客观： 经常提到准则和"正确"的事物 抽象的言语和冗长的解释："一 切都是学术性的"，"一个人必须 有才智"	严厉、冷淡： "一个人必须冷静、镇定——不惜 任何代价" 僵硬的身体姿态 如果要表述就一定要做到最好	独裁主义： 僵化的、原则性的行为 理性化的行动 操纵的 强迫性的
内心体验	心理影响	生理影响
"我感到脆弱和孤立" "我不能表现出任何感受"	强迫性的 反社会的 社会退缩 紧张症的	干燥性疾病 分泌液干涸 癌症 单细胞增多症 心脏病

打岔反应

言语	情感	行为
无关的： 毫无意义，脱离重点 常常在对话当中离题千里	混乱 "我并不真的在这里" 有持续活动的特点 生硬和松散的身体姿势	心烦意乱： 不合时宜的行为 多动 打断别人

续表

内心体验	心理影响	生理影响
"没人关心这个" "没有属于我的地方" 缺乏平衡，通过打断来获得别人的注意	迷茫 不合时宜 精神病	中枢神经系统问题 胃肠疾病，恶心等 糖尿病 偏头痛 便秘

2) 领导者介绍"表里一致"的反应方式并让两人小组体验表里一致的沟通方式。

以上沟通姿态都是低自尊应对方式的表现，表里一致是一种高自尊、完满的状态。讨好者忽略自我，指责者忽略他人，超理智者忽视自我和他人，打岔者忽略自我、他人和情境，而表里一致者则能兼顾自我、他人和情境，言行一致地表达和应对。表里一致的沟通姿态是这样的：放松的站立，表情自然，身体放松。例如当一个人说"我很快乐"，她的声音是轻快、满足的，她的身体动作、眼神等非语言表达都传达了快乐的情感，信息一致。

表里一致反应

言语	情感	行为
现实： 言语与身体姿势、语调以及内心感受相匹配 言语体现出对于感受的觉察	与言语一致： 表达的流动	生动的 创造性的 独特的 有能力的
内心体验	心理影响	生理影响
和谐 平衡 高自我价值	健康	良好的健康

三、感恩行动

1. 目的

增强成员感恩意识，提升感恩能力。

2. 时间

30分钟。

3. 材料

纸，笔，音乐《爸爸妈妈我爱你》。

4. 操作

(1) 领导者说，父母给予了我们很多，不求回报。作为子女我们应该感恩在心，同时也要学会回报，在生活的点滴中体现出来。下面请成员完成下面的"感恩行动列表"。

感恩行动列表

请列出你能为父母所做的事（请至少列出 10 项）：

A. _____

B. _____

C. _____

D. _____

E. _____

F. _____

G. _____

......

（2）小组成员分享，总结一下感恩行动主要有哪些？讨论哪些感恩行动是最贴心、体现孝心的？哪些会是最令父母感动的？哪些最具有可操作性、长期坚持的？如何更好地实现这些行动？等等。

（3）各小组代表发言，领导者汇总出感恩行动主要内容，评选出"最感动行动"、"最贴心行动"、"最独特行动"等。领导者总结：感恩行动不在乎采用什么形式，事情大还是小，只在乎你怀有的那份感恩的心，在于你是否真正落实。所以从这一刻起，就开始行动吧。

（4）最后领导者请成员课下写一封感恩信（爸爸妈妈，您辛苦了，我爱你们），要在最后一次辅导前发给父母，随后交流父母的反馈。

【回顾与思考】

1. 什么是核心家庭？你认为自己所生活的家庭可以归为哪一类？
2. 家庭系统理论是如何解释家庭的？
3. 结合你自身的成长、发展，谈谈家庭怎样影响你的？

【拓展训练】

家庭环境量表中文版（FES—CV）

家庭环境量表中文版（FES—CV）由费立鹏等于 1991 年在美国心理学家 Moss R. H.编制的"家庭环境量表（FES）"的基础上修订改写而成。该量表含有 10 个分量表，分别评价 10 个不同的家庭、社会和环境特征：①亲密度；②情感表达；③矛盾性；④独立性；⑤成功性；⑥知识性；⑦娱乐性；⑧道德宗教观；⑨组织性；⑩控制性。该量表含有 90 个是非题，答题时间约 30 分钟，要求受试者具有初等以上教育程度。

请小组成员做"家庭环境量表中文版（FES—CV）"，诊断自己的家庭环境。

该问卷用于了解您对您的家庭的看法。请您确定以下问题是否符合您家里的实际情况，如果您认为某一问题符合您家庭的实际情况请回答"是"，如不符合或基本上不符合，请回答"否"。如果难以判断是否符合，您应该按多数家庭成员的表现或者经常出现的情况作答。如果仍无法确定，就按自己的估计回答。请务必回答每一个问题。有些问句带有"★"，表示此句有否定的含义，请注意正确理解句子内容。记住，该问卷所说的"家庭"是指与您共同食宿的小家庭。在回答问卷时不要推测别人对您的家庭的看法，请一定按实际情况回答。请将答案写在（　　）内。

您的姓名（　　）　　　　性别（　　）　　　　职业（　　）

出生日期（　　）　　　　文化程度（　　）

1. 我们家庭成员都总是互相给予最大的帮助和支持。（　　）

2. 家庭成员总是把自己的感情藏在心里，不向其他家庭成员透露。（　　）

3. 家中经常吵架。（　　）

4. ★在家中我们很少自己单独活动。（　　）

5. 家庭成员无论做什么事情都是尽力而为的。（　　）

6. 我们家经常谈论政治和社会问题。（　　）

7. 大多数周末和晚上家庭成员都是在家中度过，而不外出参加社交和娱乐活动。（　　）

8. 我们都认为不管有多大困难，子女应该首先满足老人的各种需求。（　　）

9. 家中较大的活动都是经过仔细安排的。（　　）

10. ★家里人很少强求其他家庭成员遵守家规。（　　）

11. 在家里我们感到很无聊。（　　）

12. 在家里我们想说什么就可以说什么。（　　）

13. ★家庭成员彼此之间很少公开发怒。（　　）

14. 我们都非常鼓励家里人具有独立精神。（　　）

15. 为了有好的前途，家庭成员都花了几乎所有的精力。（　　）

16. ★我们很少外出听讲座、看电影或去博物馆以及看展览。（　　）

17. 家庭成员常外出到朋友家去玩并在一起吃饭。（　　）

18. 家庭成员都认为做事应顺应社会风气。（　　）

19. 一般来说，我们大家都注意把家收拾得井井有条。（　　）

20. ★家中很少有固定的生活规律和家规。（　　）

21. 家庭成员愿意花很大的精力做家里的事。（　　）

22. 在家中诉苦很容易使家人厌烦。（　　）

23. 有时家庭成员发怒时摔东西。（　　）

24. 家庭成员都独立思考问题。（　　）

25. 家庭成员都认为使生活水平提高比其他任何事情都重要。（　　）

26. 我们都认为学会新的知识比其他任何事都重要。（　　）

27. ★家中没人参加各种体育活动。（　　）

28. 家庭成员在生活上经常帮助周围的老年人和残疾人。（　　）

29. 在我们家里，当需要用某些东西时却常常找不到。（　　）

30. 在我们家吃饭和睡觉的时间都是一成不变的。（　　）

31. 在我们家里有一种和谐一致的气氛。（　　）

32. 家中每一个人都可以诉说自己的困难和烦恼。（　　）

33. ★家庭成员之间极少发脾气。（　　）

34. 我们家的每个人的出入是完全自由的。（　　）

35. 我们都相信在任何情况下竞争是好事。（　　）

36. ★我们对文化活动不那么感兴趣。（　　）

37. 我们常看电影或体育比赛、外出郊游等。（　　）

38. 我们认为行贿受贿是一种可以接受的现象。（　　）

39. 在我们家很重视做事要准时。（　　）

40. 我们家做任何事都有固定的方式。（　　）

41. ★家里有事时很少有人自愿去做。（　　）

42. 家庭成员经常公开地表达相互之间的感情。（　　）

43. 家庭成员之间常互相责备和批评。（　　）

44. ★家庭成员做事时很少考虑家里其他人的意见。（　　）

45. 我们总是不断反省自己，强迫自己尽力把事情做得一次比一次好。（　　）

46. ★我们很少讨论有关科技知识方面的问题。（　　）

47. 我们家每个人都对 1~2 项娱乐活动特别感兴趣。（　　）

48. 我们认为无论怎么样，晚辈都应该接受长辈的劝导。（　　）

49. 我们家的人常常改变他们的计划。（　　）

50. 我们家非常强调要遵守固定的生活规律和家规。（　　）

51. 家庭成员总是衷心地互相支持。（　　）

52. 如果在家里说出对家事的不满，会有人觉得不舒服。（　　）

53. 家庭成员有时互相打架。（　　）

54. 家庭成员都依赖家人的帮助去解决他们遇到的困难。（　　）

55. ★家庭成员不太关心职务升级、学习成绩等问题。（　　）

56. 家中有人玩乐器。（　　）

57. ★家庭成员除工作学习外，不常进行娱乐活动。（　　）

58. 家庭成员都自愿维护公共环境卫生。（　　）

59. 家庭成员认真地保持自己房间的整洁。（　　）

60. 家庭成员夜间可以随意外出，不必事先与家人商量。（　　）

61. ★我们家的集体精神很少。（　　）

62. 我们家里可以公开地谈论家里的经济问题。（　　）

63. 家庭成员的意见产生分歧时，我们都一直回避它，以保持和气。（　　）

64. 家庭成员希望家里人独立解决问题。（　　）

65. ★我们家里人对获得成就并不那么积极。（　　）

66. 家庭成员常去图书馆。（　　）

67. 家庭成员有时按个人爱好或兴趣参加娱乐性学习。（　　）

68. 家庭成员都认为要死守道德教条去办事。（　　）

69. 在我们家每个人的分工是明确的。（　　）

70. ★在我们家没有严格的规则来约束我们。（　　）

71. 家庭成员彼此之间都一直合得来。（　　）

72. 家庭成员之间讲话时都很注意避免伤害对方的感情。（　　）

73. 家庭成员常彼此想胜过对方。（　　）

74. 如果家庭成员经常独自活动，会伤家里其他人的感情。（　　）

75. 先工作后享受是我们家的老习惯。（　　）

76. 在我们家看电视比读书更重要。（　　）

77. 家庭成员常在业余时间参加家庭以外的社交活动。（　　）

78. 我们认为无论怎么样，离婚是不道德的。（　　）

79. ★我们家花钱没有计划。（　　）

80. 我们家的生活规律或家规是不能改变的。（　　）

81. 家庭的每个成员都一直得到充分的关心。（　　）

82. 我们家经常自发地谈论家人很敏感的问题。（　　）

83. 家人有矛盾时，有时会大声争吵。（　　）

84. 在我们家确实鼓励成员都自由活动。（　　）

85. 家庭成员常常与别人比较，看谁的学习工作好。（　　）

86. 家庭成员很喜欢音乐、艺术和文学。（　　）

87. 我们娱乐活动的方式是看电视、听广播而不是外出活动。（　　）

88. 我们认为提高家里的生活水平比严守道德标准还要重要。（　　）

89. 我们家饭后必须立即有人去洗碗。（　　）

90. 在家里违反家规者会受到严厉的批评。（　　）

评分标准：所有 90 个项目按选择的答案来评分，若回答"是"得"1"分，若回答"否"则得"2"分。然后按下列方法计算分量表得分（"I～X"表示第"X"条项目的得分）。

亲密度 = (I~11 - 1) + (I~41 - 1) + (I~61 - 1)
　　　　- [(I~1 - 2) + (I~21—2) + (I~31 - 2) + (I~51 - 2) + (I~71 - 2) + (I~81 - 2)]

情感表达 = (I~2 - 1) + (I~22 - 1) + (I~52 - 1) + (I~72 - 1)
　　　　- [I (I~12 - 2) + (I~32 - 2) + (I~42 - 2) + (I~62 - 2) + (I~82 - 2)]

矛盾性 = (I~13 - 1) + (I~33 - 1) + (I~63 - 1)
　　　　- [(I~3 - 2) + (I~23 - 2) + (I~43 - 2) + (I~53 - 2) + (I~73 - 2) + (I~83 - 2)]

独立性 = (I~4 - 1) + (I~54 - 1) - [(I~14 - 2) + (I~24 - 2) + (I~34 - 2)
　　　　+ (I~44 - 2) + (I~64 - 2) + (I~74 - 2) + (I~84 - 2)]

成功性 = (I~55 - 1) + (I~65 - 1) - [(I~5 - 2) —(I~15 - 2)
　　　　+ (I~25 - 2) + (I~35 - 2) + (I~45 - 2) + (I~75 - 2) + (1~85 - 2)]

知识性 = (I~16 - 1) + (I~36 - 1) + (I~46 - 1) + (I~76 - 1)
　　　　- [(I~6 - 2) + (I~26 - 2) + (I~56 - 2) + (I~66 - 2) + (I~86 - 2)]

娱乐性 = (I~7 - 1) + (I~27 - 2) + (I~57 - 1) + (I~87 - 1)
　　　　- [(I~17 - 2) + (I~37 - 2) + (I~47 - 2) + (I~67 - 2) + (I~77 - 2)]

道德宗教观 = (I~18 - 1) + (I~38 - 1) + (I~88 - 1) - [(I~8 - 2) + (I~28 - 2) +
　　　　(I~48 - 2) + (I~58 - 2) + (I~68 - 2) + (I~78 - 2)]

组织性 = (I~29 - 1) + (I~49 - 1) + (I~79 - 1) - [(1~9 - 2) + (I~19 - 2) + (I~39 - 2)
　　　　+ (I~59 - 2) + (I~69 - 2) + (I~89 - 2)]

控制性 = (I~10 - 1) + (I~20 - 1) + (I~60 - 1) + (I~70 - 1) -
　　　　[(I~30—2) + (I~40—2) + (I~50—2) + (I~80—2) + (I~90—2)]

【推荐阅读】

1. 阅读《新家庭如何塑造人》. 萨提亚著. 北京：世界图书出版公司，2006.

本书是萨提亚的经典著作之一，亦是家庭治疗理论的重要著作，书中所展现的经验和榜样会引导我们用创造性的方式去理解彼此、关爱自身和他人，为孩子提供一个让他们得以发展出力量和完满人格的基础。

2. 阅读《少有人走的路：心智成熟的旅程》. [美] M. 斯科特·派克（M.Scott Peck）著. 北京：中国商业出版社，2013.

这本书处处透露出沟通与理解的意味，它跨越时代限制，帮助我们探索爱的本质，引导我们过上崭新、宁静而丰富的生活；它帮助我们学习爱，也学习独立；它教诲我们成为更称职的、更有理解心的父母。归根结底，它告诉我们怎样找到真正的自我。

第九章 珍惜生命与热爱生活

学习与行为目标

了解生命的内涵和特点，认识死亡

学习生命教育，学会尊重生命

认识生命的意义，学会珍惜生命，感谢生命

尊重生命、尊重他人也尊重自己的生命，是生命进程中的伴随物，也是心理健康的一个条件。

——弗洛姆

2014年4月16日晚，某大学研二一名男生在宿舍内自缢身亡，死者在遗书中称，写毕业论文、找工作困难重重，无颜面对家人等。难道这些因素能成为自杀的理由吗？如果将时光往回追溯，可以看到每一年都会出现若干类似的新闻报道。这样的新闻让我们痛心，一个个鲜活的生命就这样离开了，他们离开时是否有遗憾呢？他们是否能感受到父母亲心碎的哀伤呢？奥斯特洛夫斯基曾经说过"人，最宝贵的东西是生命。生命属于人的只有一次"。生命是不可重复的，生命过程不可逆，生命对于每个人来说都是独一无二的，尊重生命、珍爱生命、悦纳生命是每一个个体都要做的最重要的事。

活动探索

生命幻游

1. 目的

回顾自己的生命之路，促进成员对生命意义的反思，明确生命的可贵。

2. 时间

约15分钟。

3. 准备

轻柔的音乐，舒适的座椅。

4. 操作

背景播放轻柔舒缓的音乐，请成员以自己喜欢的姿势坐在椅子上，闭上眼睛，然后跟着领导者的语言提示开始想象：

请大家闭上眼睛，把注意力都集中在你的脑部……跟我一起去想……

受精卵——出生——学会走路——上小学——上初中——上高中——大学——30岁——40岁——50岁——60岁——80岁，然后回到现在

5. 讨论

(1) 当你回顾你的历程时，你内心有哪些感受，你想到了什么？

(2) 在回顾时你觉得什么是生命？你对生命的理解？

第一节　认清生命的价值

一、认识生命

生命价值是指个体的生命在个人、他人、社会、自然发展中所占的地位和所起的作用，以及个人对他人、社会和环境所负的责任和所做的贡献。它既包括物质价值也包括精神价值，既包括生前所作的贡献又包括身后对社会的影响。

1. 什么是生命

狭义的生命是个人从摇篮走向坟墓的延续过程，广义上是指作为有机体的个体存在状态。《大不列颠百科全书》列举了5种关于生命的定义：①生理学定义：即把生命定义为具有进食、代谢、排泄、呼吸、运动、生长、生殖和反应性等功能的系统。②新陈代谢定义：认为生命系统与外界经常交换物质但不改变自身的

性质。③生物化学定义：认为生命系统包括储藏遗传信息的核酸和调节代谢的酶蛋白。④遗传定义：生命是通过基因复制、突变和自然选择而进化的系统。⑤热力学定义：生命是一个开放的系统，它通过能量流动和物质循环不断增加内部秩序。无论是哪种定义，主要是指生物学意义上的生命，即自然生命。实际上，人的生命是自然生命和价值生命的统一体。自然生命是价值生命的载体，价值生命是自然生命的灵魂，舍弃两者中的任何一个，生命都是不完整的。

在心理学上，人的生命成长过程是指人从出生到成熟，直至衰老和生命最后阶段的生命全程的发展过程，包括婴幼儿、儿童、少年、青年、中年、老年6个不同的生命发展阶段。

总结各种对于生命的定义可知，生命不仅只是一个自然的物质生命过程，而且还是一个精神生命过程。正是由于精神生命的存在，使得人类区别于动物而存在。人类对于生命意义的追求，成为其生命目的的重要部分。对于自然生命，我们应该尊重、关爱和珍惜；对于价值生命，则应在充分理解生命意义的基础上，通过各种努力提升我们的价值生命，使我们的生命更富有价值和意义，为社会进步做出贡献。

2. 生命的特征

（1）生命的有限性。人的生命是有限的，目前人类的平均寿命在70岁左右，高寿者达到八九十岁的也大有人在，而世界上各个地区都有超过百岁的寿星，但那只是极少数。死亡是人类无法回避的必然。生命的有限性决定了生命的可贵。如何才能在这有限的生命中创造出尽可能多的价值，这是许多人思考的问题。生命的有限性包括3个方面：一是时间的有限性，谁都不能永远存在。二是生命的不可逆性。从胚胎起，生命便一直生长、发育，直至衰亡。这个过程是不可逆的。三是生命的不可再性。生命对于任何人来说都只有一次。

（2）生命的超越性。生命有超越自身的能力，生命的过程是不断更新自己和超越自己的过程。

（3）生命的珍贵性。生命的珍贵性源于它的不可替代性，具体表现为生命的产生需要更苛刻的条件、复杂的过程，每一个生命的诞生都是珍贵的，而每一个生命的过程又都是有限的。

（4）生命的独特性。生命的独特性表现在人们无法将生命定格，世界上没有2个生命是完全相同的。遗传因素决定了个体的先天差异，环境因素导致了个体的个性差异。

3. 生命的价值和意义

当一个人开始走向成熟时，就开始思考人生的重要问题，即开始积极探索自己的生命价值和意义。生命价值是指个体的生命在个人、他人、社会、自然发展中所占的地位和所起的作用，以及个人对他人、社会和环境所负的责任和所作的贡献。它既包括物质价值也包括精神价值，既包括生前所作的贡献又包括对身后的影响。生命的意义是关于生命的积极思考，是个人正在努力实现的、社会给予高度评价的生命目标。具体地说，包括个人存在的意义，寻求和确定获得价值的目标，并去接近这些目标。从生命意义的角度来说，生命成长过程不仅是一种物质存在的形式，更是心理的精神气质的存在。生命不仅在于生物体的"活着"，更重要的在于必须活出意义和价值。

弗兰克尔（Viktor E. Frankl）的生命意义理论是西方研究中最有影响力的理论，他认为，无论在什么情况下，生命都具有意义。人们对于生命意义的追寻是生命的基本动力，或者说是第一位的动力。人的生命可以分为多种形态。一是生物性生命，即人类首先是作为自然生理性的肉体生命而存在的，这一点是和自然界的广大生物一样必须具有的基本属性。二是人的精神性生命。人之所以为人就在于人有高于动物的意识活动，有超越生物性生命的精神性世界。人不但要思考如何活下来，还要思考如何更好地生活。三是人的价值性生命。每个人一生中都要思考诸如"为何活着"的问题，这就是人对于生命意义发自内心的追问，是人对价值生命的一种诉求。人的价值性生命为人的生存夯实了根基，加足了动力。一个人对自己生命意义的认识一般是比较稳定的，它会逐渐转化为生命发展不同阶段的信念和价值体系。

生命意义主要包括对生命意义的执着和对生命意义的理解两方面。它对人生发展的作用大致可以体现在三方面：第一，体会人生的意义。一个人只有深入了解生命赋予的特殊含义才能承担生活中的责任，才能体会到满足和充实，真正体会到人生的乐趣和意义。第二，确立人生目标。对生命意义的探求使人在不同的人生阶段确立自己的生活目标，并在实现目标的过程中感受到活得充实、活得丰富、活得精彩。第三，加强对压力的承受能力和对挫折的耐受力。长久以来我们的教育使学生习惯于被动学习，遇到挫折困难时，往往对生命缺乏足够的反省，而削弱了自己应付困难、面对挫折的能力。培养对压力的承受力和对挫折的耐受力关键在于当个人追求生活目标遇到障碍时，应该坚定沉着，不轻言放弃，要不断尝试着去解决问题，由此增强对压力的承受能力。

二、认识死亡

印度诗人泰戈尔在《飞鸟集》中写到"生如夏花之绚烂，死如秋叶之静美"。优美而含蓄的诗句，表达出了作者对于生、死的认识。活着，就要灿烂、奔放，要像夏天盛开的花那样绚烂旺盛，活得有意义、有价值，而不要浑浑噩噩地过日子；面对死亡，面对生命向着自然返归，要静穆、恬然地让生命逝去，不必轰轰烈烈，像秋叶般悄然足矣，不要感到悲哀和畏惧。歌手朴树写了一首歌曲《生如夏花》，从音乐的角度探索对生命意义的思考。在《现代汉语词典》中，"向死而生"的释义是明白了生与死的关系，才能勇敢地面对死亡，积极地生活。泰戈尔的诗许多人喜欢，"向死而生"这个词也经常出现在我们的谈话中，朴树的歌曲更是许多大学生的最爱，这些作品对人生生死的探求，带给我们什么样的思考呢？大学生怎样看待人生？什么又是死亡呢？

对于死亡，人类似乎表现出更多的是恐惧和焦虑，这种感觉与生俱来。多数人惧怕死亡，甚至害怕与死亡相关的事物。比如在我们的传统中，人们都不喜欢数字"4"，因为它与"死"读音相近，在车牌或手机号码中，人们会刻意避开这个数字。其实，死亡并不可怕，因为每个人注定是要面对死亡的。死亡就如同人生伴侣一般，从我们生下来的那一刻开始它就一直和我们在一起，我们也就开始走向死亡的路途。人们惧怕死亡的原因在于不了解死亡。因此，正确认识死亡现象是非常必要的。

死亡不仅盘踞在人们的精神活动中，也是诸多学科诸如生物学、生理学、医学、心理学、政治学、法学乃至现代物理学、环境科学、社会心理学等均涉及的问题。"死亡就是生命的终结"是《牛津词典》给死亡下的定义；在生物学意义上，死亡是生命活动的终止，机体感受能力的消失。当前我国临床上通常把患者呼吸、心跳停止，瞳孔散大而固定，所有生理基本反射消失，心电波平直作为死亡的判定标准。在社会学意义上，死亡指人类有意义生命的消失，没有思想、没有感觉，生命个体一旦丧失自我意识，也就无法进入社会角色。哲学所探讨的死亡主要包括3种：一是肉体死亡；二是精神死亡；三是自我否定之死亡。

总结以上各种定义，死亡就是因为各种原因导致的生命终结，包括因为疾病、衰老等原因的正常死亡，以及因为意外事故、自然灾害、他杀或自杀造成的非正常死亡。

三、学生自杀原因探析

大学生自杀事件的发生有极其复杂的原因，有些看似是由于恋爱受挫、就业不顺、考试失败、环境不适、人际交往障碍等某一原因所致，而事实并非如此简单。研究者采用心理学的事后心理剖析方法研究，从检查自杀者生前的各种记录以及与知情人事后交谈回顾得到，上述原因不过是导火索而已，最终选择自杀有更深层次的复杂原因，自杀事件是个人因素、家庭情况、社会因素等内外各种因素交互作用的结果。

1. 个人因素

大学生的个人因素是自杀行为发生的关键。这些个人因素包括精神健康因素、身体健康因素、个性特征、对于死亡的错误认识等多个方面。精神健康疾病，特别是抑郁症，是与自杀关系最为密切的精神疾病，得了抑郁症就会有苦闷、不安、焦躁、绝望等抑郁症状，以致身体状况不佳，精神活动抑制，并出现自杀意念和行为。据国家精神卫生相关部门的调查统计，我国大学生抑郁症的发病率较高，不同程度的抑郁症患者占大学生总人数20%以上。由于抑郁症具有一定的隐蔽性和复发性，抑郁症在医学上不容易被检出，不少抑郁症容易被当成一般的情绪问题或躯体不适而得不到及时地治疗。

自杀的大学生具有趋同的个性特征，都不同程度地表现有脆弱、自卑、孤僻、怀疑、悲观等个性特征。有的学生会因为自己的各种因素，如生理因素（个子矮小、过于肥胖）、学习因素、家庭因素等过度自卑，对外在事物反应过度，以致心理失衡、自暴自弃。另一特征是挫折耐受力差，心理承受能力差，当理想与现实发生冲突，遇到挫折时，容易垂头丧气、自我否定。研究同时显示自杀者解决问题的能力差，不能从不同的角度思考问题，寻找解决问题的方法，而且对他人容易挑剔和不满。对于死亡的错误认识也是导致自杀的重要原因。

2. 家庭原因

家庭对一个人个性、生活习惯、行为方式有着重要的影响。家庭贫困、父母离异、家庭关系长期不和、缺少关爱等因素会造成一个人从小自卑、逆反、嫉妒、内向等个性特点，当遇到负性生活事件时，这些个性特点会导致个体思考问题偏执或缺少解决问题的方式方法，从而采取极端行为。

3. 社会因素

大学生的自杀行为与社会大环境的影响也密不可分。21世纪，我们国家的改革进入深水区，各种社会矛盾冲突显现，正处于人生观、价值观形成期的大学生很容易出现困惑。种种消极思想影响着大学生，如学得好不如嫁得好，学得好不如生得好，各种社会不公平现象的存在，等等。社会压力增大，社会各类矛盾充斥着现实和网络世界，使得涉世不深的大学生们人生观变得混乱、功利、消极，理想信念缺失，社会责任感淡漠，过于强调物质利益。大学生就业压力日益严峻，在遇到困难时，心理承受能力低，容易产生无助绝望的想法，甚至丧失了生活的信心，选择走向绝路。而网络媒体为了吸引眼球，提高点击率，在报道自杀事件等负面消息时，缺少正确的引导、反思和警醒，造成部分大学生的效仿。这些都对大学生自杀行为的出现有重要影响。

4. 生活负面事件

根据研究发现，以上分析的大学生个人因素、家庭情况、社会因素等内外各种因素导致了某些人具有一定的自杀心理倾向。当心理倾向遇到重大的生活负面事件，比如恋爱失败、就业受挫、隐私被泄露、学习压力过大、成绩不理想、人际关系冲突、遭到不公平对待时，就容易引发自杀意念，最终发生自杀行为。此时，这些生活负面事件就成了自杀行为发生的直接导火索。

四、生命教育对于大学生的重要意义

近年来大学生非正常死亡事件时有发生，这给家庭、学校和社会都带来了很大的影响。同时，也反映出大学生对于生命的认识还有待于提高，于是生命教育也就成为当前教育中一个非常重要的方面。

1. 认识生命教育

生命教育最早是由美国学者杰·唐纳·华特士（J. Donald Walters）提出的。1968 年他在加利福尼亚州创办了"阿南达村"学校，并倡导和推行生命教育的思想。后来在西方一些发达国家普遍展开，如澳大利亚、新西兰、日本等。在我国的香港、澳门特别行政区也开展了生命教育，我国台湾地区从 1997 年开始进行生命教育，2001 年则被定为"生命教育年"。近年来，辽宁、上海、黑龙江、湖南、云南、陕西、苏州、常州等省市则先后颁布了有关推行生命教育的大纲或方案。随着青年人非正常死亡现象的不断出现，教育者和社会对生命教育的思考和实践也不断增加。

生命教育，顾名思义就是关于生命的教育。生命教育是通过多种教育活动，帮助人们正确认识生命的价值和意义，直面生命和生死问题，其目标是帮助人们学会尊重生命、理解生命的意义，正确认识自己与世界的关系，学会积极的生存、健康的生活与独立的发展，增进生活智慧，实现自我生命的最大价值。

大学生生命教育属于生命教育的内容之一，教育主体是大学生，主要是针对大学生现有生命观的特点，有针对性地对大学生实施生命教育，目标是满足大学生对生命教育的需求，培养良好的生命意识，在探索人生意义与价值的过程中对生命有所感悟，最终提升生命的质量。

2. 在大学生中进行生命教育的重要意义

在中国，大学对于个体的一生来说，是一个非常重要的时期，大学生活也是一个人真正开始从行为上、思想上独立，进行自我管理、自我教育、自我发展的时期。但我国的教育模式中，从小学到中学，教师或家长关注的核心大多都是与考试相关的内容，应试教育是主要的教育内容，对生命认识等方面的相关内容缺失。大学中亦是如此，缺乏对大学生进行生命价值、生命责任等方面的教育，这就成为大学生全面发展、健康成长的一个缺陷和遗憾，而生命教育对于大学生生存和发展起着重要的基础作用。近年来，大学生中精神问题个案不断增加，大学生在处理事情时，容易冲动走极端，对自己或他人造成伤害的事件时有发生。这再次提醒教育者和家长，加强生命教育对于大学生来说是极为重要和迫切的。

首先，生命教育有助于帮助大学生认识生命，学会尊重生命，提高自身对生命的认知水平。生命只有一次，失去了就不可能再挽回，因此生命尤为珍贵。每个生命的存在都有其必然存在的价值，这是对生命的最基本层面的认识。然而，在现实生活中，某些大学生对自己甚至他人的生命无动于衷，随意浪费生命，或用极端手段对待生命，只为让自己舒服或泄愤。他们的这种做法既是缺乏对生命的认识，也是对生命的不尊重。对大学生进行生命教育，就是要使大学生能在人类社会的历史长河中体会生命价值，揭示生命的本质，树立完整、科学的生命观，理解生命的真谛，正确对待人生，特别是正确对待生死、成败与荣辱，培养自己享受生活、珍惜生命、乐观向上、笑对人生的积极态度。

其次，生命教育有助于培养大学生良好心态，全面发展，健康成长。大学阶段是大学生世界观、人生观、价值观形成的关键时期，成就什么样的人生，选择什么样的人生道路，取决于大学生如何看待自己的人生，如何对待生命。当前，国际、国内的形势不断变化，对大学生的思想和行为都会产生影响。而社会上，竞争激烈、环境复杂、节奏快、压力大，面对这种现实，心态非常重要。而生命教育通过对生命、死亡、挫折、责任等方面内容的学习，能帮助大学生形成更为全面的综合素质，形成良好心态，为大学生的健康发展和追求幸福提供有力的基石。

最后，生命教育有助于大学生适应社会发展要求，增强社会责任感，更好地为社会和谐发展服务。大学生是未来社会的主人，他们既享受着科技带来的便利，也承受着来自社会的各种不良思想的侵袭。而对于正处于生理和心理不断成熟时期的大学生来说，生命教育的实施，有利于他们在社会的多变中辨别是非，排除干扰，增强社会责任感，让生命的发展步入正常的轨道，适应社会发展变化的需要。

3. 大学生生命教育的内容

对于大学生来说，只有懂得了生命的价值和意义，才能够有远大的理想，有坚定的信念，有坚强的意志、勇敢的精神和自信的品格。而生命教育的内容是广泛的，只要是有助于个体生命认识生命、发展生命、完善生命的内容都应该是生命教育的内容。从以往研究以及实践看，大学生生命教育主要包括以下内容：生命意识教育、生存能力教育、感恩教育。

（1）生命意识教育。生命意识教育包括生命教育和死亡的教育。生命存在和延续是生命价值和生命意义的前提基础。没有生命，就没有一切。对自己，对他人生命的尊重和珍惜是个体最基本的权利和义务。生命教育通过传递生命常识、了解孕育生命的艰辛，感受生命的脆弱，体会生命的珍贵，了解生命的不可逆性和不可替代性，意识到生命的宝贵。同时通过对生命历程性学习和理解，体会生命历程是一个包含悲欢离合的过程，帮助大学生学会享受生命带来的幸福，也要学会承受生命过程中的困难和挫折。使他们学会珍爱生命、尊重生命，使他们认识到只有珍爱生命才能成就自己，任何伤害自己和他人生命的行为都是对生命的亵渎和践踏。

生命的完整内涵包括了生与死两方面。死与生一样，都是人的最本质的规律，人的本真存在就是"向死而生"的。死亡教育立足于从生命的另一个向度来关照生命，即"由死观生"，理解死亡，确信死亡的不可避免性，克服死亡焦虑和恐惧，从而思考并努力追求人生的价值。通过对死亡价值的理解，才能理解生命的有限性和一去不复返的性质，才能真正懂得生命的可贵，从而减少大学生伤害生命事件的发生，激发大学生对生命意义的追寻，最终丰富生命的内涵。

（2）生存能力教育。生存能力教育，主要是指对大学生进行生命安全教育，掌握在突发意外情况下生存的技能。我国大学生在火灾、地震等突发意外事件中，保护自己和自救技能方面仍然存在缺陷。前几年上海某大学学生宿舍失火时，4名大学生匆忙间想通过跳楼逃生反而全部失去了生命。这样的事例一再提醒高校教育工作者，开展生存拓展训练使大学生了解来自各方面的不安全因素，掌握简单易行的安全防范自救与他救的方法，以规避危险与伤害。

（3）感恩教育。感恩教育是生命情感教育中的一个重要方面。感恩的最重要方面，就是对生命的感恩。只有对生命心怀感激之情，才能真正懂得珍爱生命、欣赏生命、尊重生命、发展生命，才会从关爱生命的视角看待生活，用爱心去回报生命。中国本是一个具有良好感恩传统的国家，古人用"滴水之恩当涌泉相报"来表达感恩对于人成长的重要作用。但随着社会的发展，各种与感恩传统相违背的事情不断出现，不少大学生缺乏感恩的情感，没有社会责任感和使命感，凡事以个人为中心，缺乏集体观念和同情心，自私自利，甚至轻易放弃自己的生命，等等。所以感恩教育成为当前生命教育的重要方面。

【案例】

我只看我所有的

黄美廉，一位自小就患脑性麻痹的病人。脑性麻痹夺去了她肢体的平衡感，也夺走了她发声讲话的能力。从小她就活在诸多肢体不便及众多异样的眼光中，她的成长充满了血泪。然而她没有让这些外在的痛苦击败她内在奋斗的精神，她昂然面对，迎向一切的不可能。终于获得了加州大学艺术博士学位，她用她的手当画笔，以色彩告诉人"寰宇之力和美"，并且灿烂地"活出生命的色彩"。曾经有一个小学生问她："你从小就长成这个样子，请问你怎么看你自己？你都没有怨恨吗？""我怎么看自己？"美廉用粉笔在黑板上重重地写下这几个字。她写字时用力极猛，有力透纸背的气势，写完这个问题，她停下笔来，歪着头，回头看着发问的同学，然后嫣然一笑，回过头来，在黑板上龙飞凤舞地写了起来：

1. 我好可爱！

2. 我的腿很长很美！

3. 爸爸妈妈很爱我！

4. 上帝会公平地对待每一个人！

5. 我会画画！我会写稿！

6. 我有只可爱的猫！

7. 还有很多生活方式让我热爱！

……

"我只看我所有的，不看我所没有的。"

她的回答感动了全场的观众，也让大家重新审视自己的人生。我们大多数人总是在抱怨自己的人生，没钱、缺房、领导不公、同事不善、老公不优秀、老婆不贤惠、孩子不听话……我们总是看着别人拥有的，羡慕他人的生活和工作，为他人骄傲，反而不能看到自己生命的美好。这其实才是最大的误区。我们都可以是黄美廉，就看你怎么看自己的生命。

资料来源：http://baike.baidu.com/view/1180760.htm?fr=aladdin.

活动探索

我从哪里来

活动 1　生命的孕育

1. 目的

感受生命的来之不易。

2. 操作

（1）教师根据生命孕育过程的挂图（或投影）介绍生命孕育知识（有条件的可请校医或指定医院的医生为同学们介绍生命的孕育过程）。

（2）介绍由于种种原因导致不孕不育的情况，另外由于各种原因不得不终止新生命的孕育。强调我们每一个人能够顺利地出生、成长是多么的不容易。

活动2 负重体验

1. 目的

体验母亲怀孕的辛苦。

2. 操作

（1）学生按6人为单位分组，将事先准备好的沙袋每组分3个，每组6人按"石头、剪刀、布"决出胜负，获胜的3人将沙袋绑在自己的肚子上，扮演孕妇，输的3人协助获胜的3人完成任务。

（2）教师要求扮演孕妇的同学做下蹲的动作，做的过程中注意提示学生保护"宝宝"。

（3）每组另外3名同学将书本、钥匙、笔等物品放到地上，教师要求扮演孕妇的同学将地上的物品捡起来，在捡物品的过程中注意观察学生是否有意识保护"宝宝"。

（4）要求扮演孕妇的同学脱鞋、穿鞋。

（5）每组另外3人再次扮演孕妇。

（6）小组成员集中，每人说出自己扮演孕妇有什么感受？有哪些想法？

（7）小组分享刚刚"怀孕"的体会，至少说出2种母亲怀孕时的辛苦，表达此刻想对母亲说的话。

（8）请3名同学向全体同学说出自己的感受和想法。

活动3 我出生的那一天

1. 目的

想象初为人母（父）的喜悦。

2. 操作

（1）请同学们根据父母回忆讲述的信息，按小组交流自己出生那天的大致情况。

（2）讨论：假设你的宝宝即将出生，作为母亲（父亲），你有哪些想法？你想对孩子说些什么？

 知识链接

生命的诞生过程

卵子经过大约15厘米长的、狭窄的输卵管向子宫游动，它周围的营养细胞像一串串美丽的光环围绕着它。很快，它将与精子相遇并开始受精的过程（图一）。

500万个精子同时游向它们的终点——隐蔽在输卵管

图一

中的卵子。虽然这个部队如此庞大，但最终能攻破卵子的却只有一个（图二）。

图二

卵子的外层被一层透明的薄膜保护着，这使它看起来像一个悬浮在天体中的漂亮的星球。经过种种障碍的精子终于与卵子相遇，卵子外膜成为它们第一道需要攻破的关卡。此时，精子们把头钻到卵子的外壁上，尾巴不断拍打着，卵子则随着精子尾部的运动缓慢地逆时针转动（图三）。

此时精子的头已经钻进去了，我们还可以看到它的中部和尾部，它就像一个不断旋转的钻头，在尾巴拍打的驱动下努力进入卵子（图四）。

精子已经进入卵子完成受精（图五）。

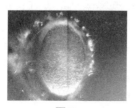
图三

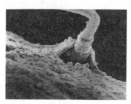
图四

图五

受精卵一分为二（图六）。

受精卵快速分裂（图七）。

受精后 8 天。胚芽完成"着陆"，微微嵌入子宫内膜。此时它分裂发育为几百个细胞（图八）。

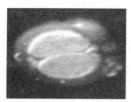
图六

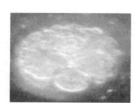
图七

图八

受精后 6 星期，人形已隐约可见。这时，胚胎的心跳每分钟 140~150 下。是母亲心跳的 2 倍（图九）。

胚胎这个时候的样子和小猪、小猫、小狗的胎儿没多大差别（图十）。

这是长到 11 个星期的胎儿。进入妊娠的第四个月后，胎儿从 5 厘米长到 10 厘米（图十一）。

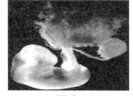

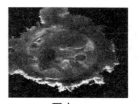

图九　　　　　　　　　图十　　　　　　　　　图十一

　　此时胎儿已长到4个半月，他（她）移动手臂，把手指放在唇边，这可以促进他（她）对吮吸的反应（图十二）。

　　7个月大的胎儿在母亲的子宫里是如此的安详和宁静，真是个小小的睡美人（图十三）。

　　天旋地转，要离开子宫了（图十四）。

　　来到人间，初试啼声（图十五）。

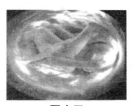

图十二　　　　　　　　图十三　　　　　　　　图十四

图十五

　　资料来源：新华网转载，1965年美国《生活》（Life magazine）杂志刊登了瑞典摄影师伦纳特·尼尔森（Lennart Nilsson）拍摄的胎儿在子宫中发育的图片。http://news.xinhuanet.com/health/2013–06/03/c_124801603.htm。

活动探索

我的成长轨迹

活动 1　照片上的故事

1. 目的

分享"精彩"瞬间。

2. 操作

（1）教师将事先收集的学生一周岁以内的照片用幻灯片放映出来，请同学们猜猜看，这些照片都是谁？

（2）小组传阅本组成员的相册，不要对照片做任何评价。

（3）教师将事先收集的学生有特色的照片用幻灯片放映出来，请学生本人讲述照片上的故事。

活动 2　成长大事记

1. 目的

回忆自己经历的各种事件，体验成长过程。

2. 操作

给每个人发 1 张白纸，小组成员各自回忆自己在成长过程中的大事件，把这些事分别列在纸上。

活动 3　记忆最深的事

1. 目的

让曾经发生的事再次"触动"自己，体验感受。

2. 操作

（1）各组每个成员根据自己列出的成长大事记，找到自己记忆最深的 3 件事，向小组成员介绍。

（2）小组内讨论，当时这 3 件事发生时你的感受是什么？现在回想起这 3 件事你的感受如何？这 3 件事对你现在的生活有什么影响？

活动 4　生命的思考

1. 目的

让当事人回顾自己生命中主要发生过的事与其生活的重点，在此生命计划的系列中，让当事人脱离对过去或未来的幻想，活在当下。

2. 时间

60 分钟。

3. 材料

每人 1 份"生命调查表"，4 个人 1 组。

4. 操作

（1）首先明确组内分工，其中 1 个人扮演焦点人物，另 1 个人记录焦点人物对此调查表的回答，其他 2 位负责澄清问题。

（2）4 个人轮流扮演不同的角色。

（3）发给每人 1 张表，提出的问题可根据情况增减。每小组决定焦点人物次序，但以不妨碍活动的进行为原则。

（4）每位当事人最多给 10 分钟的"焦点人物"时间。采用问和答的方式，将焦点人物的回答记录，然后将资料交回"焦点人物"本人。4 个人轮流做焦点人物。

（5）结束后在小组中讨论和分享。指导者要注意避免由于焦点人物所发表的言论而引起争论。

附：生命调查表

（1）在你一生当中最快乐的是哪一年（或哪一时间)？

（2）你对做什么事最拿手？

（3）说出一个你一生中的转折点？

（4）你一生中最低潮的时候是什么时候？

（5）你有没有在某一事件中表现出最大的勇气？

（6）你有没有一段时间非常悲伤？是否不止一个时期？

（7）说出你做得不好但仍然必须做下去的事？

（8）哪些是你很想停止不做的事？

（9）哪些是你很想好好再做下去的事？

（10）说说你曾经有过的巅峰时期的体验。

（11）说说你希望有的巅峰时期的体验

（12）你有没有极力建立起来的价值体系？

（13）说出一个你丧失的一生中很重要的机会。

（14）有哪些是你想从此刻开始要好好做的？

活动 5　人生曲线

1. 目的

对自己的人生做出评估。理解千差万别的人生经历，增强对他人的理解。

2. 时间

50 分钟。

3. 材料

纸、笔。

4. 操作

（1）指导者先说明用人生曲线探索自己的人生过程的意义。然后要求大家画一个坐标，横坐标表示年龄（时间），纵坐标表示对生活的满意程度。

（2）找出自己生活中的一些重要的转折点，连成线，边看着线边反省，对未来人生的趋向用虚线表示。

（3）在小组（5~6个人）中，每位成员以坦诚的心情向他人介绍自己的人生。通过相互交流可以了解到每个人不同的人生经历。

（4）交流结束时，每个小组派一位代表在整个团体中交流自己的练习感受。

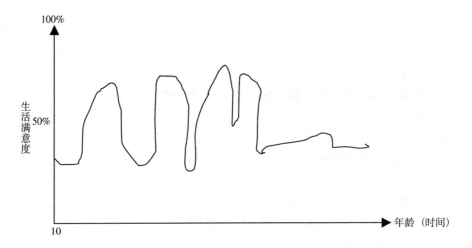

活动6　临终遗言

1. 目的

对个人的人生价值观作具体的探索并协助成员在生活中做明智的抉择。

2. 操作

（1）教师告诉所有成员，由于种种原因，你正面临着死亡。

（2）终期将至，时间只允许你再做最后10件事，你会做哪10件事，并排出先后次序，然后写下你的遗嘱（50字以内）。

（3）请每个成员认真思索后写下你的决定和遗嘱。

（4）分小组向其他组员讲出，并解释原因，谈一谈你在写的时候有什么感受？这感受对你今后的生活有什么影响？

活动 7　生活设计师

1. 目的

挖掘成员内心的理想或追求。

2. 操作

（1）发给成员空白纸，经教师说明，请成员想象未来的生活模式，如学习情境（工作情境）、性质或选择自己的理想、执着追求的是什么，将其画出。

（2）画完后，再将所有的画放置全体成员中央排列，由成员选择对其他成员画中感兴趣的图案，小组分享。

（3）最后，将画好的图案全贴在地板上的飞鸟造型的大海报上，祝福成员鹏程万里，展翅高飞。

第二节　学会尊重与感谢生命

【案例】

新闻：已毕业学长请吃午饭

2014 年 6 月 24 日，福建师范大学闽南科技学院举行 2014 届学生毕业典礼暨学士学位授予仪式，闽南科技学院 2014 届毕业生共有 1988 名，参加毕业典礼的每位同学都有一张 12 元的餐券。原来，这张餐券是该校 2013 届毕业生颜少容发放的，他提供 2.7 万元，请 2014 届全体毕业生吃午饭。颜少容是闽南科技学院 2009 级市场营销专业的学生，毕业一年后，他便自己创业，成立了一家公司，效益不错。如今他回到学校既是回报母校，又想通过自己的实际行动鼓励师弟师妹坚定信心，努力实现自己的梦想。

资料来源：http://www.mnw.cn/，2014-06-25.

一、尊重生命

每一个人的生命都是一个极其偶然的存在。这个存在在茫茫的宇宙中，与漫漫的历史长河相比，就像电光那样短暂易逝。因此，我们要珍惜它、热爱它。让人的一生具有价值，具有意义。

1. 尊重生命自身规律

生命是珍贵的，而且是神圣的。对于生命，无论是人类生命还是自然生命，我们都应该怀敬畏之心去对待。对于所有生命的尊重，是自身生命价值的表现。正如法国学者史怀泽说："当一个人把植物和动物的生命看得与他的生命同样重要的时候，他才是一个真正有道德的人。"除此之外，欣赏和尊重生命还意味着尊重生命自身规律。自然界的草、木、山、水，它们都是大自然的产物，有着自己生长的规律，如同我们人类一样，生老病死也都有自己的节律，怀敬畏之心，尊重其规律，才是对生命的尊重，而不能以自我意志为中心，去操控自然生命或是他人的生命。

2. 尊重他人的生命

生命的特点之一就是独特性，世界上没有两片相同的叶子，也不存在完全相同的生命。即使是双胞胎，他们之间也存在差异。而正是因为每个生命都是不同的，这个世界才如此丰富多彩。所以，当遇到来自不同的地区、不同的家庭、不同习惯的人时，当遇到观点不一致时，就要学会尊重不同的生命个体。尤其当发生冲突时，更要放下唯我独尊的态度，跳出自我的世界，去尝试着和他人沟通和交流，通过和他人的交往，丰富我们每个人的生命世界。

3. 尊重自己的生命

一个不懂得尊重自己生命的人也不会尊重他人的生命。欣赏自己的人，才能有自信；尊重自己的人，才能有价值。只有自信和相信自我价值的人，才敢于面对挑战，敢于去实现自己人生的目标，同时在这一过程中让自己的潜能得到最大的发展。

二、感恩生命

因为生命的存在，我们才有机会和许多人相遇：他们或是爱人，或是亲人，或是朋友，或是同事，或是陌生人，或是指引我们的人，爱我们的人，跟我们斗嘴的人，与我们针锋相对的人，各种各样的人……于是我们的生命之旅因为他们的陪伴，而不孤单、不寂寞。所以，珍惜生命从学会感恩做起。

1. 认识感恩

基督教信徒每年都会过感恩节，"感恩"一词的起源也许与这有关。在中国古代，也有"感恩"一词，有个成语叫"感恩戴德"。无论是在中国还是在西方文化中，"感恩"的观念早已存在。

"感恩"就是感谢给予恩惠的意思。《现代汉语词典》里面对"感恩"是这样解释的：对被人所给的帮助表示感激。在基督教教义中，其本意是指感谢上帝赐予人类生存的事物，后来扩大为社会成员要常怀一颗宽容与回报之心，铭记周围人对自己的帮助而忘却不快乐的事。感恩作为人类所遵循的基本道德准则，是人最基本的修养，在这一点上是跨越国界，不分肤色、人种的。也正是在这种道德准则的指导下，我们的社会才会越来越好，人与人之间才能形成良好的人际关系。

从心理学角度看，感恩反映了个体对于来自他人或社会环境的刺激做出积极的心理回应的一种表现。

2. 大学生中缺乏感恩的主要原因

造成大学生感恩意识缺失的原因是多方面的，有社会、学校和家庭方面的原因，也有学生自身的原因。

（1）社会环境因素。虽然国家很重视大学生的感恩教育，各地也针对大学生实施了一系列的感恩教育活动，但当前的社会环境仍然缺乏产生感恩意识的土壤。例如，最近网络中、新闻中都在讨论当看到老人摔倒后"扶"还是"不扶"的问题。引起这个问题讨论的原因是多名好心人在扶起摔倒的老人后，反而被老人诬陷为是自己把他撞倒的。好心人有成人、有儿童。幸运的是扶人的人通过视频设备或旁人作证而自证清白，也有个别的人因为热心扶人，反而落下一身官司，给自己带来经济、精神方面的损害。这种社会现象就是现实版的"农夫与蛇"的故事，这样的事例必然导致那些尊重生命，用感恩之心对待生命的人产生消极的影响。此外，当前社会，由于经济利益驱使，一些人为达到目的而不择手段，片面追求个人利益，责任心弱化，个人主义思想成主导，这些也必然导致感恩意识淡薄。

（2）学校教育因素。感恩教育一直是高校日常教育的一项重要内容，但大多数学校把教育中心放在了专业知识和专业技能的培养，追求就业率，过于注重教育的功利性而忽略了教育的育人功能。日常的感恩教育，流于形式，感恩意识得不到培养，学生必然在这方面存在问题。

（3）家庭环境因素。在有些家庭中，家长本身素质不高，会直接影响到孩子的健康成长。家长和老师对于感恩的态度，也直接影响着孩子的观念和行为。另外，由于我国特殊的计划生育政策，独生子女在成长过程中，家长包办一切，造成许多大学生不懂得珍惜父母的养育之恩，对父母的付出想当然地接受，自然也就不懂得回报与感恩。

（4）大学生自我认识不成熟。大学时代，是大学生人生观、价值观、世界观形成的重要时期。如果父母教养方式不对，学校引导不足，再加上社会不良风气的影响，这个时期的大学生很容易出现错误思想。同时，大学生对社会的认识还不够成熟，阅历不深，判断是非的能力还有待完善，再加上一些负面事件的影响，导致学生形成错误的判断，如有些人会认为这个社会是黑暗的，人是自私的，社会是不公平的。这些错误的想法都会阻碍大学生感恩意识的形成。

3. 感恩生命，从小事做起

学会感恩，才会在生活中发现美好，用微笑去面对每一天，用微笑去面对世界，面对人生，面对朋友，对待困难。但是令人迷茫的是感恩应如何做起？其实感恩并不抽象，它就融在我们生活的角角落落，因此，感恩可以从小事做起。比如，对同学的一句关心话，与父母开心地进行一次沟通，积极回答老师的问题，对社会弱势群体的关注；还可以从学会感谢做起，说一句感谢的话，打一个感谢的电话，用一句礼貌用语，做一次义务劳动，帮助一位困难同学，宽容他人的错误，等等。从学会感恩开始，让我们利用感恩体会身边的一切。心中存在感恩，才能令生活更美好。

（1）感恩父母。因为父母，我们获得了生命。如果不是父母，那我们的一切都不存在，我们感受不到鲜花的芬芳，看不到美丽的彩虹，感受不到生命的壮美。没有父母的养育，不会有我们的茁壮成长；没有父母的爱与付出，我们不会如此幸福和幸运。因此，首先要感恩父母。这既是传承中华孝道的优秀传统，也是我们生命的最大荣耀。

（2）感谢生命中与我们相遇的人。与不同的人在不同的旅程中相遇，生活中有相知，也有矛盾；有理解，也有误会；有陪伴，也有分离。无论欢笑、悲喜，生活因为这些旅伴的出现而更为精彩、丰富。也因为这些人的陪伴，我们才了解了人与人之间的相似或相异，才更为真切地了解自己。所以，感谢这些相伴的人，生命因为他们而更精彩。

（3）感谢生命中的成功与失败。生命成长的过程中，没有哪个人是一帆风顺的。成功的经历，让我们从不自信变得逐渐自信，体味到人生成就的意义和喜悦；失败的经历，会带给我们痛苦、失望，它们让我们有了与快乐完全不同的情绪体验，提醒我们要不断完善自己，而不是只沉醉于某一次的成功中。成功与失败，帮助我们体验酸甜苦辣的人生，帮助我们学会放下，学会了感恩和祝福。

 **活动探索**

一、感恩职业

1. 目的

通过表达对不同职业的尊重和感恩，体会感恩的意义。

2. 时间

30分钟。

3. 操作

（1）提前准备写有职业的若干纸条。一张纸条写一种职业。

（2）组员随机抽取一张纸条，说出这种职业的特征和给人们带来的便利，并表达感谢之情。

（3）结束后，小组讨论：这个活动带给自己什么感受？

二、生命有你更美好

1. 目的

感受自己周围其他人的重要性。

2. 操作

（1）回忆在以前的什么时候，什么人曾经帮助过你？

（2）回忆在以前的什么时候，你曾经帮助过哪些人？

（3）小组分享，当你得到别人的帮助时，你有什么感受？你帮助别人后，你的感受是什么？

三、人生选择题——生命之重

1. 目的

让学生思考生命中对自己最重要的东西，懂得珍惜和感恩身边的人。

2. 时间

20分钟。

3. 材料

纸、笔、《感恩的心》手语视频。

4. 操作

（1）给每位同学发一张纸，请他们在纸上写下对自己比较重要的20个人的身份，比如：爸爸、妈妈、哥哥、男朋友、女朋友等。

（2）然后引导学生当出现意外时需要舍弃其中的10个人，再舍弃5个人，再舍弃3个人，再舍弃1个人。

（3）引导大家思考生命中对于自己最重要的是什么？

（4）请大家思考，并分享自己的选择和理由。

（5）活动分享。

【回顾与思考】

1. 了解了生命和死亡的内容，你是如何理解"向死而生"这个词的？

2. 当前生命教育成为教育中的重要方面之一，你认为生命教育应该从哪些方面开展？

3. 请根据自己的生活经历，说说发生在你身边的，让你觉得很感激的事情。

【推荐阅读】

1. 阅读《重塑心灵 NLP——一门使人成功快乐的学问（修订版）》. 李中莹著. 北京：世界图书出版公司，2006.

李中莹先生被认为是华人地区最成功的 NLP 培训师之一，他最早把 NPL 完整地介绍到国内，因此而被誉为"华人世界的国际级 NLP 大师"。李中莹先生发展出大量独到而实用的思想和行为技巧，可以有效地帮助一个人培养出良好的心理素质。书中提供了少量 NLP 技巧，既安全又容易产生实效的技巧，以及更多与时代同步发展的新观点与新案例，同时本书的概念与技巧也可为所有人在面对人生时提供启迪。

2. 阅读《活出生命的意义》. ［美］维克多·弗兰克尔著. 吕娜译. 北京：华夏出版社，2010.

著名心理学家弗兰克尔是 20 世纪的一个奇迹。纳粹时期，作为犹太人，他的全家都被关进了奥斯威辛集中营，他的父母、妻子、哥哥全都死于毒气室中，只有他和妹妹幸存。弗兰克尔不但超越了这炼狱般的痛苦，更将自己的经验与学术结合，开创了意义疗法，替人们找到绝处再生的意义，也留下了人性史上最富光彩的见证。这本书曾经感动千千万万的人，它被美国国会图书馆评选为最具影响力的 10 本著作之一。到今天，这部作品销售已达 1200 万册，被翻译成 24 种语言。

3. 观看电影《黑天鹅》，导演：达伦·阿伦诺夫斯基，2010 年上映.

影片讲述了一个女芭蕾舞演员的故事。从许多方面看，这部影片都是艺术家对自我世界的一次探索，为了达到完美而不惜一切代价。该片被认为是一部难得的佳作，上映以来曾获得第 83 届奥斯卡最佳女主角、最佳导演、最佳影片提名。

第十章　幸福人生

学习与行为目标

了解幸福的概念

了解影响大学生幸福的因素

掌握提升幸福的策略、方法与途径

真正的幸福只有当你真实地认识到人生的价值时，才能体会到。

——穆尼尔·纳素夫

你想成为幸福的人吗？但愿你首先学会吃得起苦。

幸福没有明天，也没有昨天，它不怀念过去，也不向往未来；它只有现在。

——屠格涅夫

使人幸福的不是体力，也不是金钱，而是正义和多才。

——德谟克利特

追求幸福似乎一直是人类社会永恒的主题，幸福对很多人来说是那样的珍贵而又难得。然而自古以来，人们对幸福的真正含义却总是仁者见仁，智者见智，没有一个很明确的定义。著名哲学家周国平教授认为："幸福主要是一种内心体验，是生灵对于生命意义的强烈感受，因而也是以心灵的感受力为前提的。"正确的幸福观是人生幸福的重要源泉。本章将重点探讨幸福的含义、影响幸福的因素、主观幸福感对大学生学习、生活的影响、大学生幸福感的提升等内容。下面让我们一起追寻幸福的脚印吧！

第一节 幸福概述

【案例】

幸福实验

美国有个研究幸福的实验是这样的：心理学家让受试者造句，规定以"我希望"起头，例如"我希望我像比尔·盖茨那样富有"、"我希望我是贝克汉姆的情人"、"我希望我中百万大奖"。然后，心理学家要求受试者再造3个句子，以"还好我不是"起头，例如说"还好我不是绝症患者"、"还好我不是乞丐"、"还好我老公没有暴力倾向"，等等。实验结果显示：同样一批人，在完成"我希望"的造句后，心情都会变得比较差，而完成"还好我不是"造句时，心情都比较好。

心理学家又给受试者讲了个故事，有一位青年家世很好，学业顺利，衣食无忧。但是他却从来不知道有什么能够让他快乐。他认为人生一切都是被安排好的，没有意义。他说："如果我现在从窗口跳下去，第二天，真正在乎的人有多少呢？地球照样转。""人活着都会逐渐衰老死亡，没有意思。"

受试者在听的过程中，心跳、脉搏等数据反映出无奈和烦恼。

心理学家又给受试者讲了一段事实，如果今天早上你起床时身体健康，没有疾病，那么你比其他几百万人更幸运，他们甚至看不到下周的太阳了；如果你从未尝试过战争的危险、牢狱的孤独、酷刑的折磨和饥饿的滋味，那么你的处境比其他5亿人更好；如果你能随便进出教堂和寺庙而没有任何被威胁、暴行和杀害的危险，那么你比其他30亿人更有运气；如果你的冰箱里有食物，身上有衣可穿，有房可住及有床可睡，那么你比世上75%的人更富有；如果你在银行里有存款，钱包里有票子，盒儿里有零钱，那么你属于世上8%最幸运之人；如果你父母双全，没有离异，那么你的确是那种很稀有的地球之人。

受试者在听的过程中，心跳、脉搏等数据反映出幸运和幸福感。

试验表明，幸福是一种主观的判断。幸福与不幸福常是因为比较而来的。"希望我是"、"我跳楼地球照样转"让我们想到了自己的不足和失望，心里难免沮丧；而"还好我不是"却能使我们感觉庆幸，原来自己还拥有一些实实在在的幸福。知足常乐，不知足，也可以常乐。就看你用什么心态对付自己的"不知足"，对人生的要求不要太尽善尽美。

资料来源：四川在线——天府早报。

一、幸福与主观幸福感的含义

我曾经读过一段关于幸福的文字，文中是这样描写幸福的：幸福是妈妈温暖的怀抱，幸福是爱人深情的拥抱，幸福是朋友无私的关怀，幸福是世人友善的赞许。幸福是风中期待的眼神，幸福是雨中撑开的雨伞，幸福是炎炎烈日下的草帽，幸福是纷纷冬雪中的棉袄。幸福是萍水相逢的喜悦，幸福是长亭话别的离愁，幸福是蓦然回首时的期待，幸福是重逢执手时的惊喜。幸福是老人眉头上的笑纹，幸福是儿女成绩单上的满分，幸福是那金灿灿的军功章，幸福是那红彤彤的大红花。幸福是生病时的一杯白水，幸福是困难中的一声问候，幸福是失意时的一次鼓励，幸福是绝望中的一回挽救。幸福是早春那一点嫩芽，幸福是仲夏那一朵红花，幸福是金秋那一抹金黄，幸福是寒冬那一片雪化。幸福是发自内心的一抹微笑，幸福是情不自禁的一声呼叫，幸福是忘乎所以的舞蹈，幸福是自我原创的歌谣。幸福是一种感觉，却可以画在脸上，描在眉间，唱在嘴上，写在心里。幸福是一种体验，却可以和大家一起分享，一起拥有。拿出你的幸福，一个人的幸福会魔术般地变成许多人的幸福。

亲爱的同学、亲爱的朋友，你觉得什么是幸福呢？

1. 幸福

关于幸福的概念有很多人提出了自己的见解，人们对幸福的真正含义却总是仁者见仁，智者见智，没有一个很明确的定义。美国总统罗斯福曾说："幸福不在于拥有金钱，而在于获得成就时的喜悦以及产生创造力的激情。"北师大教授于丹认为："人人都希望过上幸福的生活，而幸福快乐只是一种感觉，与富贵无关，同内心相连。"

目前，学者们普遍认为：幸福是人的根本的总体需要得到某种程度的满足后所产生的愉悦状态。"人的根本的总体的需要"是人在世界上生存、发展和享受的需要，如生命、职业、恋爱、婚姻、家庭、升迁等需要。幸福的"愉悦状态"就生活总体来说，是生存、发展和享受等需要从总体上得到令人满意的满足，但是满足 ≠ 幸福。"某种程度的满足"是指需要在一定程度上能够得到满足，生存需要得到充分满足，发展需要得到一定满足，并有进一步满足的可能。幸福是个人由于理想的实现或接近而引起的一种内心满足。幸福不仅包括物质生活，也包括精神生活。马克思定义的幸福：幸福是指人之所以为人的真理与自己同在时的心理状态，包括一切真实的事物、人性的道理、他人的生命甚至动物的生命与自己同在，等等，是一种心理欲望得到满足时的状态，是一种持续时间较长的对生活的满足和感到生活有巨大乐趣并自然而然……

2. 主观幸福感

在心理学研究中，对幸福感的测量主要是以主观判断而非客观指标为依据的，常常使用 Subject Well-Being（SWB）来表示幸福的心理感受，这个单词直译就是主观美好的存在，是指一种健康的、快乐的生存状态。所以也称为主观幸福感。目前，大多数研究者认同爱德华·迪纳（Diener）（1984）提出的概念：所谓的主观幸福感是个体依据自定的标准对其生活质量的整体的评价。它包括生活满意度和情绪体验两个基本成分，前者是个体对生活总体质量的认知评价，即在总体上对个人生活做出满意判断的程度；后者是指个体在生活中的情绪体验，包括积极情绪（愉快、轻松等）和消极情绪（抑郁、焦虑、紧张等）两方面。

具有主观幸福感的人有 5 项共同点：

（1）积极的人生观、价值观。

（2）高自尊。幸福的人都懂得欣赏自己、悦纳自己，他们认为自己有不同于其他人的地方，并肯定其优点。

（3）强烈的控制感。幸福感强的人能很好地控制生活事件。

（4）乐观。幸福感强的人能从积极的角度理解问题，乐观能使他们持之以恒，并最终获得成就。

（5）社会支持良好。幸福的人有属于自己的朋友圈子，有较强的社会支持。

幸福与快乐相似但是有区别。其区别主要在三方面，首先，快乐是具体需要或欲望得到满足而产生的愉悦感；幸福是根本的总体性需要得到满足产生的愉悦感。其次，快乐的追求和获得具有自发性，体现趋乐避苦的自然倾向；幸福是理性思考与选择的结果，是社会本性的客观要求。最后，快乐是即时性、间断性的生活的调剂；幸福是持久、连续、深沉的一种生活状态和生活过程。

在幸福中，还有一个重要的方面是幸福力。幸福力是一个人内在的心理素质，是一个人获得幸福的能力。这种能力是一种软实力，是一个人的情感力、认知力、健康力、意志力、抗挫力、微笑力和德行力的综合体现。幸福，不仅是一种心理感觉，更是一种内在的心理素养。幸福力是可以学习的，具备幸福力的人，能获得长久和持续的幸福感。

二、幸福的理论基础——塞利格曼的积极心理学

"积极心理学"（Positive Psychology）是 20 世纪末西方心理学界兴起的一股新的研究思潮。是宾夕法尼亚大学教授马丁·塞利格曼（Martin E. Seligman）于 1998 年出任美国心理学会主席时倡议及定位的，是塞利格曼和 Csikzentmihalyi 于 2000 年在《美国心理学家》（American Psychologist）上刊登的《积极心理学导论》一文中正式提出来的。"积极心理学是致力于研究人的发展潜力和美德的科学"。

塞利格曼博士认为积极心理学的力量，是帮助人们发现并利用自己的内在资源，进而提升个人的素质和生活的品质。每个人的心灵深处都有一种自我实现的需要。这种需要会激发人内在的积极力量和优秀品质，积极心理学利用这些内在资源来帮助普通人或具有一定天赋的人最大限度地发掘自己的潜力，并以此获得美好的生活。人类的这些积极力量和优秀品质是人类赖以生存和发展的核心要素。积极心理学的本质体现在修正先前心理学发展的不平衡，强调心理学的发展既依赖于预防和治疗人类的心理疾病，同时更依赖于培养、建构人类的优秀品质，二者可以相辅相成，平衡发展。

塞利格曼阐释了构建幸福的具体方法。他提出，实现幸福人生应具有 5 个元素（PERMA），即积极的情绪（Positive Emotion）、投入（Engagement）、良好的人际关系（Relationships）、意义和目的（Meaning and Purpose）、成就感（Accomplishment）。PERMA 不仅能帮助人们笑得更多，感到更满意、满足，还能带来更好的生产力、更多的健康，以及一个和平的世界。

1. 积极情绪

积极情绪也就是我们的感受：愉悦、狂喜、入迷、温暖、舒适等情感。我们把在此元素上成功的人生称为"愉悦的人生"。

2. 投入

投入指的是完全沉浸在一项吸引人的活动中，时间好像停止，自我意识消失，以此为目标的人生称为"投入的人生"。处于完全投入状态中，人、物合一，动用了我们全部的认知和情感资源，让我们无暇思考和感觉其他事物。

3. 意义

意义指归属于和致力于某样你认为超越自我的东西，意义有主观成分，因此它有可能被纳入积极情绪。主观成分是积极情绪的决定性因素。人们对自己的快乐、狂喜或舒适不会感觉错。你觉得是什么，就是什么。"有意义的人生"（Meaningfullife）意味着归属于某些超越你自身的东西，并为之奋斗。

4. 成就

其短暂的形式是成就，长期的形式是"成就人生"，即把成就作为终极追求的人生。

5. 人际关系

幸福的一个重要要素是良好的人际关系。人际关系好的人更幸福，而幸福的人有更好的人际关系。

积极心理学从形成至今仅十几年时间，目前正处于发展的阶段，试图对它作出全面的评价还为时过早。但它肯定值得我们给予仔细而又审慎的注意。积极心理学是一种新的研究方向，是对心理学的一种新的理论结构。通过对主流心理学的纠正，给现存的心理学内容与形式以补充。从长远看，积极心理学的重要性，可能不在于其提出的任何特定的假设和规则，而在与为心理学乃至整个社会，提供了以新的方法看待人类的生存和问题的解决，而新的方法、新的思维的出现则是一门学科向前发展的动力之一。可以肯定的是，不论积极心理学是否遭遇和人本主义心理学一样的命运，它必将推动心理学向前发展。

三、我国大学生主观幸福感的现状和特点

现有研究表明，整体上大学生的生活满意度处于中等以上。在情感体验中，大学生的积极情感较多，消极情感较少，积极情感高于消极情感，但是仍有一定数量的大学生主观幸福感水平较低，这部分人的比例在10%左右。年级对生活满意度和积极情感的影响显著，在生活满意度上，大学一年级学生的生活满意度要高于三、四年级，而二、三年级学生之间差异不显著。在性别这个维度上，严标宾、郑雪研究结果认为，性别对生活满意度、情感体验的影响不显著，在自我满意度上，男生对自己的满意度显著高于女生。而王极盛等研究发现，女生在总体幸福感、家庭满意感、自我满意感、同伴交往满意感和生活条件满意感上均显著高于男生。大学生在主观幸福感上是否存在稳定的性别比例，目前结论还很不一致，有待进一步研究确认，这可能与测查工具、学校及主体对象不同有关。

拓展阅读

一、当代大学生面临着巨大的就业压力

以前的大学不收费而且毕业分配工作，现在的大学普遍收费较高，这给许多家庭带来了沉重的经济负担。近几年来，随着高校扩招，就业形势越来越严峻。现代市场竞争激烈，当代大学生在毕业后面临着"双向选择"的分配制度。很多用人单位门槛较高而且要有工作经验，在校的大学生往往只注重学习理论知识，缺乏实践经验和社会锻炼，这给刚毕业的大学生带来了无形的压力。原本美好的理想不能实现，大学毕业生感到焦虑、自卑，幸福感降低。

二、当代大学生对挫折承受能力差

当代大学生大都是80后、90后，他们大多数是独生子女，备受家庭的呵护和宠爱。这一时代的孩子，从出生起社会就为他们提供了较为优越的成长环境，他们没有经历过战争、社会动荡和物质极端匮乏的时代。因此，他们缺乏应对挫折的勇气和毅力，极易向挫折妥协，由此而失去了人生的方向，没有了生活的目

标和动力，幸福感丧失。

　　总之，影响主观幸福感的因素很多，某些因素具有一定的交叉性。国外的研究是从 20 世纪 50 年代起，国内从 80 年代中期以后开始进行主观幸福感的研究，但其对象主要针对一些特殊的群体。由于不同的文化背景、意识形态和经济基础的影响，其主观幸福感的预测因子、标准以及评价手段也存在一定程度的差异，因此有必要深入进行适合我国国情的主观幸福感的研究。

第二节　大学生幸福感的提升

　　为什么人们总是觉得自己不够幸福？在物质享受高度发达的今天，人们的生活是越来越好，快乐却在减少。在拥有物质生活质量的同时，我们缺少的是什么？是忽视了心灵的生存质量，还是不懂得拥抱幸福的能力？在本单元我们就是要学习如何提高我们的幸福感。

 知识链接

感恩与幸福

　　"积极心理学之父"马丁·塞利格曼和美国密歇根大学心理系的彼得森教授一起设计了一个名为"三件好事"的积极干预法。他们招募到一批志愿者来参与这个实验，2 位心理学家将志愿者分为 6 组，在 1 个星期内，分别做以下练习：

　　1. 对照组：每晚写下 1 件早年的回忆事情。

　　2. 感恩拜访：写 1 封感谢信，然后带这封信去拜访那个人，为他念出来。

　　3. "三件好事"。

　　4. 巅峰时刻：写下自己的巅峰时刻，和你在那个时刻所展现出来的性格特点，每天读 1 遍，想想自己的性格优点。

　　5. 找到突出优势：通过做问卷找出自己最强的 5 项优势，然后多多使用它们。

　　6. 创造性地运用突出优势：在第 5 组志愿者训练内容的基础上做创新，每天找到 1 种新的方法来使用这些优势。

　　在做这个实验之前和之后，塞利格曼等测量了志愿者们的幸福指数和抑郁指数，并在之后做了 6 个月的跟踪调查，结果发现，短期来看，"感恩拜访"能大幅提升幸福感，但只要把时间拉长几个月，就会发现"三件好事"才是最能提升幸福以及减少抑郁的办法。数据证明，6 个月后，"三件好事"参与者的抑郁指

数要比其他 5 组的志愿者低 20%。

资料来源：赵昱鲲. 消极时代的积极人生 [M]. 杭州：浙江人民出版社，2012.

一、主观幸福感的培养

从个体自身和外部环境条件考虑，可从内、外两方面来提高主观幸福感。首先，对于大学生自身来说，由于自尊与主观幸福感存在高相关，因此，可以通过提高自尊和改善自我评价的方式来提高主观幸福感。因为归因方式、自我价值感和消极的自我暗示会影响自尊的高低，所以要培养高自尊感就应该从这三方面着手：①由消极的归因方式转变为积极的归因方式。所谓积极的归因方式是指将行为的成功归为内部可控因素，例如努力程度；而将行为的失败归为外部不可控的因素，例如，运气，任务难度等。②提高自我价值感。具体的做法是给自己设定可以通过自身努力而取得成功的目标，通过完成这些目标来培养自己的自我价值感，从而悦纳自己，正确地评价自己。③纠正消极自我暗示的思维模式。部分个体之所以存在消极的自我暗示，其原因是片面地夸大了外部条件的困难性，同时贬低了自我处理问题的能力。因此，通过理性的分析外部因素的限制因素和内部可利用的资源来克服消极自我暗示的影响。其次，从社会因素，尤其是从大学生主要的生活和学习环境——学校来看，也可以从以下三方面来改善：①积极开展心理咨询和生活辅导，通过心理认知水平和情感控制能力的提高，特别是帮助大学生正确认识自我、确定恰当的期望值，从而把个体的主观幸福感与个体实际结合起来。②开展丰富的校园文化，满足大学生的多种心理需求。尽可能多地开展丰富多彩的校园文化活动，开拓视野，同时也为大学生提供求职、社会交往、认识社会、服务社会的机会，创设大学生生活的良好情境，环境育人，从而为其对生活的主观认识达到一个希望的水平。③建立积极向上的班集体，发挥班集体的积极社会支持作用。良好的社会关系可以增加个人的主观幸福感，对于大学生来讲，班集体是大学生生活的重要社会群体，对内向性格的学生引导其进行主动的人际交往，积极参加各种集体活动，使其融入集体之中，在一定程度上提高他们的幸福体验。积极向上的班集体不仅仅会提高大学生的人际交往能力，而且可以有助于提高大学生的主观幸福感。

总之，作为大学生，虽然心智和生理已经成熟，但是由于大学生还处在学习阶段，社会经历还很浅薄，人际交往还很简单，因此关注大学生主观幸福感，并在学校教育实践中注意培养其良好的主观幸福感是很有意义的。主观幸福感的良差将会直接影响大学生就业选择、工作表现和人际交往。

二、大学生如何提升主观幸福感

幸福，是人生孜孜以求的目标，提高幸福感也就是让我们端正态度，获得更多的幸福体验，从而使我们的学习更轻松、工作更有劲儿、身体更健康、人际关系更融洽，等等。那么我们怎样才能获得幸福感呢？不妨试试以下的方法。

1. 培养对幸福的感知能力

幸福能力是指人们发现幸福、感受幸福和创造幸福的能力。"人是否能够获得幸福，很大程度上取决于其是否能够敏锐感到幸福之所在，在这种意义上，幸福是一种能力。"当今社会并不缺乏能使人产生幸福感的物质和精神条件，然而一些人因缺乏对幸福的感受而丧失幸福感。今天的很多大学生生活条件极其优越，也不缺少父母的关爱，但还是感慨"一点儿也不幸福"，被认为是"身在福中不知福"。究其原因，对幸福的感知能力不强不能不说是一个重要因素。

2. 树立正确的幸福观念是提升幸福感的关键

幸福感的产生必须依赖于个体的认知与情感，依赖于正确幸福观的形成。因为正确的幸福观指引着幸福感知的走向与方式，是一种可以提高人的生活品位，促进人的素质全面发展的重要因素。大学生应该经常关注自己的心理需求，更应该把自己的需求与祖国、社会的需要紧密结合，加强自己的思想修养，树立正确的幸福观。要经常思考"什么是真正的幸福"、"如何追求幸福"？

我们看一看什么是真正的幸福：幸福＝财富＝美貌＝成就＝身体＝考上名牌大学？

有了钱，你可以买到房了，但不可以买到一个家。

有了钱，你可以买到钟表，但不可以买到时间。

有了钱，你可以买到一张床，但不可以买到充足的睡眠。

有了钱，你可以买到书，但不可以买到知识。

有了钱，你可以买到医疗服务，但不可以买到健康。

有了钱，你可以买到地位，但不可以买到尊重。

有了钱，你可以买到血液，但不可以买到生命。

有了钱，你可以买到性，但不可以买到爱。

所以，幸福≠财富≠美貌≠成就≠身体≠考上名牌大学。

其实幸福就是一种态度，一件事情从不同的角度看就会产生不同的情绪体验和幸福体验。我们应该学会用积极的心态面对生活。相信大家都听过这样的故事：

一个老婆婆晴天哭，雨天也哭，一个智者上前询问原因。

原来老婆婆有两个女儿，一个卖伞，另一个卖鞋。雨天时她担心卖鞋的女儿鞋不好卖，所以哭；而晴天她又担心卖伞的女儿伞的生意不好做。所以她平日里晴天也好，雨天也罢总是忧心忡忡。

智者听了她的诉说后笑了，他低头对老婆婆耳语一阵，只见婆婆破涕而笑。智者的办法是什么呢？

他只是让老婆婆换了一种思维方法，换了一种心态——晴天为卖鞋的女儿高兴，雨天为卖伞的女儿快乐。

从此老婆婆整天乐呵呵的，两个女儿也越过越好。

平常工作、生活中不顺心的事谁都会碰上，我们不可能改变生活、改变周围的环境，也不可能改变不合理的制度，但我们可以改变自己看问题的角度，可以调控自己的情绪，可以改变自己的心境和态度。

以积极的心态去迎接生活，放大我们的优点，找出自身的限制与不足，开阔自己的视野、境界，扎扎实实做事，平平静静做人，有真心、爱心、进取心、责任心，只有这样，这个世界才会为你让路，你才能赢得生活的主动权。

3. 学会了解、调节自身的情绪与情感

每个大学生都有不同的情绪、情感特点。大学生要深入了解自己的情绪、情感特点，了解自己在情绪体验、情绪表达和情绪认知等方面的优缺点，分析自己的需要，努力培养其积极向上、健康活泼的情感体验。大学生可以做有关自陈问卷，以便更好地了解自己。大学生之间也可以进行情绪、情感特点的相互评价，通过别人的眼睛来了解自己。在此基础上，大学生要学会一些切实可行的情绪调节方法，知道如何及时进行自我调节。当大学生出现无法自解的烦恼和苦闷时，要学会寻求相关老师的帮助，如辅导员老师、心理中心老师，等等。

4. 预防高度焦虑心理

适度的焦虑可以维持注意力，促进学习，但长期的高度焦虑则会对大学生的身心造成严重的不良影响。有些学生学习困难，造成高焦虑，这样容易产生不幸感，少数人甚至无法完成学业。造成大学生高度焦虑的原因是多方面的，学业、人际、就业等方面的压力都是不可忽视的原因。为了防御和克服高度焦虑状态，大学生要与老师经常沟通，探讨学习上的问题，必要时寻求老师和同学的帮助，真正实现师生间的理解，减少焦虑的发生。同时，大学生要学会处理人际关系、学习、就业等方面的各种问题，避免各种精神上的威胁和挫折，正确地自我评价、自我管理、自我促进，不断提高自身的主观幸福感。

5. 大学生提高幸福感的具体措施

（1）改变情感让自己幸福。大学生要想让自己有幸福感，就要努力做到以下2点：

1）活在当下。活在当下就是不能总沉浸在对过去的事情的回忆之中，也不是一味地活在将来，总说我将来要怎样怎样。活在当下就是专注此时此刻在哪里就做好哪里的事情。吃饭就是吃饭；睡觉就是睡觉；学习就是学习；工作就是工作；娱乐就是娱乐。

2）心态效应。在现实生活中我们不应该刻意去在乎某一件事，那样也许会适得其反。《庄子》中记载了这样一个故事：一个赌徒拿着瓦砾去赌时，几乎是逢赌必赢，而他拿着黄金万两去赌时，却输得一败涂地。这是因为：人都有这么一个弱点，当对某一件事过于重视时，心里就会紧张，而一紧张，就会出现心跳加速、焦虑、精力分散等不良反应，这一系列不良反应会使我们的才能无法正常发挥，最终导致我们的失败。于是就会出现这样的现象：太想打好球的手会颤抖，太想走好钢丝的脚会颤抖，太想赢的心在颤抖。在科学界，这种现象被称为目的颤抖，即目的性越强，越不容易成功，所以我们不应该太过于重视一件事，应该用一颗平常心去对待一切事物。

在我们的生活中，人们经常说现实太残酷，社会太黑暗，事实也的确如此。在社会上确实有很多人的思想被扭曲了，看到别人成功，自己却一无所有，就嫉妒别人，就想把别人毁掉。这时候走错了一步也许会满盘皆输，岂不知当你毁了别人时，更毁了自己！我们应转变心态，换一个角度看问题，别人成功是因为他们的天赋和努力。自己的失败，是因为自己既没有天赋也没有努力、奋斗过。我们应该以那些成功的人为榜样，向他们学习，而且相信自己只要努力了也能够为社会做出贡献，实现自己的理想。即使经过努力，可能还是不如别人成功，但经过自己努力，就可以无愧于心，而不会留下遗憾了。

（2）改变认知让自己幸福。我们的幸福感总是在一个"幸福的基准线"上下徘徊，就像我们所知道的"价格围绕着价值上下波动"一样。要想让自己变得"更幸福"，或者是"比过去幸福"，我们就必须提升"幸福的基准线"。

就以一个中奖者为例，一个中了百万元大奖的人，在第一个月可能会非常地兴奋和幸福，但是过了 6 个月之后，他的幸福感又会回到当初的水平。同样，一个人如果遭受了委屈，他在那一个月里面感觉糟透了。等六个月之后，一切如常了，他的幸福感也会回到原来的水平。

即使经历过严重交通事故的人，经过时间的沉淀，他们的精神也会恢复到在遭受不幸之前的心理状态。如果他们以前就很快乐的话，那么一年以后他们将重获快乐；如果以前不快乐，将继续保持不快乐的情绪。

这也就是说，在食物、住所及基础教育等这些基本需求得到满足的情况下，外部环境给我们的幸福状态带来的变化是非常微弱的。哪怕你获得了很高的薪水，得到了梦寐以求的大学通知书，或者是在一个很理想的环境中工作，这些并不会如你预想的那样给你带来那么大的幸福感。"幸福不是由金钱的多少决定的，也不是你达到了你的期望就会得到的。"这也就是说，很富有的人可能并不幸福。举个例子，如果你本来期望自己拿满分，可能你最终拿了满分也并不会觉得很幸福。但是为了"满足自己的期望不致失望",你降低要求说"好吧,我仅仅希望达到满分。"结果你得了 70 分,你会因此而惊喜吗?不会,很多人也都不会,因为离期望值还很远;相反,如果你只希望自己拿 70 分,如果获得满分,你可能会欣喜若狂,因为这已经超过了期望值。

心理学领域的一项研究成果告诉我们,如果你是一个太看重结果的人,那么你达到目标后得到的幸福只能维持短暂的一段时间,然后你会回到原有的幸福感水平上;同样,如果你因为一件事情而感到挫败,一段时间后,你也会回到原来的幸福感水平上。我们的幸福感就像价格一样,随着市场起起伏伏,但是我们知道,白菜几乎永远不可能涨到钻石的价格上去。也就是说,我们自己的幸福感水平线决定了我们感受到的幸福在怎样的一个范围内波动。所以我们要获得"更幸福",就需要把自己的幸福感水平线往上调。这不等于说让我们对幸福的期待越来越高,有了平房便渴望别墅,有了别墅又去想私人游艇和飞机……不是那样,而是让我们对自己、对生活有更加积极的认知。

这节幸福课最终改变的,也许不是你对幸福这个词汇的理解,而是你的认知。外在的种种指标并不会影响你的幸福感,而内在的认知则是决定你幸福与否的根本。你看重结果,但发现过程也很重要;你在意形式,但也看重各种形式下包含的幸福的内容是什么。也就是说,你对生活有了另外一种解读的能力。到那时,你就真的改变了自己。

1)不生气。每个人都会生气,这是人的天性。有些人感到忧虑时,会显出不耐烦的态度,有些人遭到欺侮时,会采取愤怒的态度去还击。无论温和还是激烈的表现方式,都属于生气的一种。为什么会生气?通常是认为别人做了不对的事情,心中产生了愤怒的反应,借以行动来表达不满的情绪。此时,生气便成为发泄情绪的最佳管道。但是生气时身体会产生毒素影响人们的心理健康,76% 的疾病都是由不良情绪引起的。所以我们应该学会控制自己的情绪,不生气、不做情绪的污染源。

一个人品高尚的人,会在各方面都克己自励,在为人处世进退之间,履行中道,做到恰如其分、恰到好处,因而能够从各种烦恼中解脱,得到真正的快乐和自在。

古时候,西藏有个叫爱地巴的人,他一生气就跑回家去,然后绕着自己的房子和土地跑三圈。后来,他的房子越来越大,土地也越来越广,可是一生气,他还是绕着房子、土地跑三圈,哪怕累得气喘吁吁、汗流浃背。当爱地巴年纪很老了,走路已经要挂拐杖了,但在生气的时候,还是坚持着围绕自己的土地和房子转三圈。一次,他生气了,挂着拐杖走到太阳快下山了,还是要坚持,他的孙子恐怕他路上有闪失,所以就跟着他。孙子禁不住问道:"阿公,你一生气就绕着房子和土地跑，这里面有什么秘诀吗？"爱地巴对孙子说："年轻时，我一和人吵架、争论、生气，我就绕着自己的房子和土地跑三圈，边跑边想：自己的房子这么小，土地这么小，哪有时间和精力去跟人生气呢？一想到这里气就全消了。气消了，我就有更多的时间和精力来工作、学习了。"孙子又问："阿公，现在你年老了，成了富人，为什么还要绕着房子和土地跑呢？"爱地巴笑着说："老了生气时我仍绕着房子和土地跑三圈，边跑边想：我的房子这么大，土地这么多，又何必和人计较呢？一想到这里，我的气就全消了。"

由此可见，不生气的最好方法就是学习放松心情，也就是把心胸放宽，避免不必要的计较、争执。人与人相处，必须多为对方考虑、着想，不要只想到自己。只要双方各退一步，怒气、怨气、闷气就会化解于无形。

2) 不抱怨。在工作和学习中，我们经常遇到各种各样的难题和挑战。在困难面前，我们发出抱怨和不满的声音能够解决问题吗？不能！甚至会使问题越来越糟糕！互相抱怨还会对身边的人产生消极影响，形成恶性循环。试想，将抱怨的精力用来思考如何解决问题，不是更好吗！孟子曰："故天将降大任于斯人也，必先苦其心志，劳其筋骨，饿其体肤，空乏其身，行拂乱其所为，所以动心忍性，曾益其所不能。"用一句歌词来概括，"不经历风雨，怎能见彩虹"。人生旅途不可能一帆风顺、四通八达，免不了磕磕绊绊。在危机和困难来临时，我们应该端正态度，不抱怨、不放弃，勇敢接受挑战。诚如《不抱怨的世界》一书中所言，"凡是你所渴望的东西，你都有资格得到，快朝梦想前进吧。不要打压自己、替自己找借口，或是假借批评和抱怨，将注意力转移。你应该要接受不安感来袭，同时在这样的时刻支持自己。"

3) 不计较。不计较的人生，是智慧的人生，这是一种生活态度，更是一种精神境界。人的一辈子就 3 万天，生命是何等的短暂。人生一世，功名利禄，生不带来，死不带去，斤斤计较，徒然给自己增加痛苦而已。你有千所房，晚上只能睡一张床；你有万金，一日只能吃三餐。不如淡看得失，放下名利，享受当下生活的快乐。有的时候，一件看似吃亏的事，往往会变成非常有利的事。

曾经重组国家实业得以借壳上市的北京和德集团，借壳之前是个传统的进出口公司，从 1994 年开始，短短三四年间，资产从 3 亿元发展到 30 亿元，主要就是靠鱼粉进出口生意。鼎盛时期的和德，是世界上进出口鱼粉贸易量最大的企业，在国内的市场份额达到了 85% 的垄断地位。

它为什么能有这样的规模？价格是关键！和德的报价永远是同行业中最低的，它出售的鱼粉每吨销售价比进价要低将近 100 元。

这样的生意岂不是越做越赔？其实不然。一方面，和德要求所有的买家在签订购买合同的同时预先支付 40%~50% 的订金，合同一般都是 3 个月以上的远期合同。这样，就有 50%的货款至少提前 90 天进入和德的账户。然后在国外出口商发出装船通知单之后再支付另外 50%的货款。在将近 30 天的行船时间内，和德就可以白白占用大量资金；另一方面，由于和德在业内的绝对垄断地位，使得它在银行的信用很高，又可以在不具备任何抵押的情况下，获得 180 天的信用证额度。两者相加，和德在 1 年里就有至少大半年的时间可以有大量买方和卖方的资金在账。有了钱就好办事，仅仅是用这部分资金进行一级市场上的新股认购，20%甚至更高的投资收益率就完全可以弥补在鱼粉贸易中的损失。大量的销售才能保证大量的现金流，而大量销售的秘诀就是让利。

所以说，吃亏是福，吃小亏占大便宜。事实上，如果你能够平心静气地对待吃亏，表现出自己的度量，往往就能够获得他人的青睐，获得你生活所需要的人脉资源，从而获得人生的成功。

当你为蝇头小利斤斤计较的时候，请看一看比尔·盖茨裸捐的故事；当你为没生在一个富贵家庭斤斤计较的时候，请看一看非洲那被饿得骨瘦如柴的难民；当你为活得不如意而斤斤计较的时候，请看一看下面这个故事：

某地发生了大地震，地震过后，一位富翁死里逃生。有记者采访他，问道："经历了这场大地震，你有没有什么感触，最大的感受是什么？"

富翁感慨万分地回答道："我最大的感受是，当面对死亡的那一刻，一切身外之物都显得那么渺小，那么不重要，我当时心中只有一个信念，只要能活着就好，能活着才能拥有一切，有了生命才会感到幸福的存在，想想之前为一些小事计较，真是没有必要。能够活下来是多么幸运，我一定会更加珍惜生命，珍惜生活，好好体验每一天……"

（3）改变需要，让自己幸福。想一想，回答下面的问题：

你一直细心倾听自己的需要了吗？

你有愿望、有能力照顾好自己的需要吗？

你注意到自己亲友的需要了吗？

对工作的投入超过了对家人的投入吗？

必要时你有能力满足亲友的需要吗？

1）需要不等于愿望。举例说，人需要吃饭，但人希望顿顿吃满汉全席；人需要安全，但人想要一个从无坏人的世界；人需要尊重，但人希望被一切人尊重；人需要认知，但人希望读遍世间所有书；人需要自我实现，但人希望在一切方面都获得成功……

需要和愿望混淆的结果之一便是：使人经常处于强烈的受挫感之中。如果你现在正陷于某种苦恼中无法自拔，那么就请先问问自己：让我苦恼的到底是需要还是愿望？是愿望，那就有必要调节自己的观念。是需要，那就有必要寻找建设性的解决方法。

2）一个人越具备满足自身需要的能力就越能降低环境对自身的控制。很多时候，有些人的需要受挫与他缺乏满足自身需要的能力有关。因为缺乏能力，就不得不更多地依赖环境支持。但现实常常是，越依赖环境的人，从环境中得到的越少。相反，越独立于环境的人，从环境中得到的反而越多。这就是需要满足上的"马太效应"：有的，让你更有；没有的，连你原有的都拿走。

3）人有义务自己满足自己的需要。如果我们只知道自己在需要问题上拥有的权利，却不知道自己在需要问题上同时拥有的义务，不知道以建设性方式去满足自己的需要。那么，在今日这个机会多多的时代，我们只能独自承担让自己的需要受挫的后果——物质上的匮乏和精神上的困扰……

（4）改变行为，让自己幸福。想幸福，就要改变：

1）积极锻炼。生命在于运动。每天要做适当的运动，例如，40分钟步行、10分钟瑜伽、5分钟静坐等。用心爱身体，每天做好4件事：吃饭、睡觉、工作、锻炼。

2）学会感恩和行善。自古行孝、行善就是中华民族的美德，新一代年轻人应该继承与发扬这个传统。而且研究表明，施比授更幸福。所以我们都要学会感恩、感激、感谢。

感恩

感谢上苍，让我们生活在和平年代。

感谢上苍，让我们有健康的体魄。

感谢上苍，让我们有关心我们的亲人。

感谢上苍，让我们可以与那么多同窗好友一起学习。

感谢上苍……

3）微笑。微笑是一种神奇的力量。如果能微笑的话就尽量微笑吧。通常微笑和幸福的比例是1：2，即微笑能得到一份幸福，接受微笑的人一份。微笑不仅能换来幸福，而且可以把幸福10倍8倍地放人。

微笑好像是一种奇特的魔法，像阳光驱散黑暗一样，可以把苦闷、烦恼等一扫而光。微笑是自信的标志，又是礼貌的象征。作为文明的现代人，应该让微笑之花永远开在我们的脸上，永不消失和褪色，因为它使人感到亲切和愉快。微笑还是人际关系和睦相处的润滑剂，如果人人都面带微笑，社会上就会减少因种种纠纷而引起的摩擦和争吵……真诚的微笑更是心理健康的表现。

智利著名诗人聂鲁达曾写过这样一首爱情诗：

《你的微笑》

—聂鲁达

你需要的话，可以拿走我的面包，

可以拿走我的空气，可是

别把你的微笑拿掉。

这朵玫瑰你别动它，

这是你的喷泉，

甘霖从你的欢乐当中

一下就会喷发，

你的欢愉会冒出

突如其来的银色浪花。

我从事的斗争是多么艰苦，

每当我用疲惫的眼睛回顾，

常常会看到，

世界并没有天翻地覆，

可是，一望到你那微笑

冉冉地飞升起来寻找我，

生活的大门

一下子就都为我打开。

我的爱情啊，

在最黑暗的今朝

也会脱颖出你的微笑，

如果你突然望见

我的血洒在街头的石块上面，

你笑吧，因为你的微笑

在我的手中

将变作一把锋利的宝刀。

秋日的海滨，

你的微笑

掀起飞花四溅的瀑布，

在春天，爱情的季节，

我更需要你的微笑，

它像期待着我的花朵，

蓝色的、玫瑰色的，

都开在我这回声四起的祖国。

微笑，它向黑夜挑战，

向白天，向月亮挑战，

向盘绕在岛上的

大街小巷挑战，

向爱着你的

笨小伙子挑战。

不管是睁开还是闭上

我的双眼，

当我迈开步子

无论是后退还是向前，

你可以不给我面包、空气、

光亮和春天，

但是，你必须给我微笑，

不然，我只能立即长眠。

这首诗充分体现了微笑的美好力量，能让人情不自禁地沉浸其中。不仅如此，微笑还可以使你获得你所希望的快乐、轻松和自信。法国作家阿诺·葛拉索说过："笑是没有副作用的镇静剂。"

那么，怎么才能够改变性格中萎靡不振的倾向，经常让自己露出发自内心的微笑呢？

首先，要给微笑白日做梦的素材。要想使自己经常畅怀大笑，就必须经常想象美好的事物，使情绪保持愉悦，并让内心世界充满欢欣的气氛。同时让自己的内心世界始终保持着一份童心的纯洁，让心灵深处永远充满着对生活的挚爱。这样，你就会觉得整个世界都是充满着欢笑的。

其次，上帝赋予了我们丰厚的微笑礼物，我们要学会利用它。中国有句古话："不露出笑容的人，不能成为商人。"可见微笑的力量。更有很多格言来形容微笑的美好："予人一分，自己并未减少，受者却心满意足；虽然只存在瞬间，却能永远铭记心田；使疲惫的人得到休息，让失意的人得到光明"，等等。

所以请朋友们从现在开始，离开家门时微笑着和家人、孩子道别。走在路上，遇到熟识的人时，别忘了展颜微笑。和他人握手，要诚心诚意并带着微笑。随着时间的流逝，你会发现，你已掌握能完成宿愿的钥匙，这就是微笑，它就好像珊瑚虫渐渐地由潮流中汲取养分一般，让自己充满能量。同时也别忘了自己是很能干、很认真、很有用的人。这样，我们就会慢慢变成阳光、自信、充满幸福感的人。

知识链接

每天必读的幸福信念

我们要想成为幸福的人，必须要有幸福的信念，所以我们必须每天提醒自己坚定幸福的信念。以下是我们每天必读的幸福信念，如果每天都能阅读，必定会提高幸福感。

1. 我的权利

我有权去争取我的需求。

我有权表达我的感受。

我有权改变我的主意。

我有权改变我是谁。

我有权寻求帮助。

我有权设定一定的约束。

我有权在我想要独处的时候自己待一会。

我有权让过去真正成为历史。

我有权取舍目标，确定生活中的重点。

我有权原谅自己不是完美的。

我有权停止一些对自己的不合情理的要求。

我有权制止一些对我无辜的指责。

我有权相信我是会成功的。

我有权对自己做出正确的评价。

我有权照顾好自己。

2. 使你快乐的 7 个信念

我是人类，凡是人类，就有犯错误的权利。

我喜欢被爱、被欣赏、被尊敬和被夸奖，但我不能期望全世界的人都这样想。

外在的世界不会使我颓丧，重要的是我自己的心里怎么想。

我需要对自己的快乐负责任。

不快乐，悲伤或难过的事可能会发生，但那会成为过去的事。

无论发生什么事，遭遇什么逆境，我都要自己去处理。

我允许自己有焦虑，害怕不确定不安稳等情绪。

3. 幸福的智慧

幸福不是终点，而是一个旅程。

所以快乐过好每一天才是幸福!!!

你改变不了环境，但可以改变自己。

你改变不了过去，但可以改变现在。

你改变不了事实，但可以改变态度。

你不能控制他人，但可以掌握自己。

你不能预知明天，但可以把握今天。

你不能选择容貌，但可以展现笑容。

你不能左右天气，但可以改变心情。

你不能样样顺利，但可以事事尽力。

 活动探索

一、美丽人生

1. 目的

通过活动帮助成员厘清自己的人生理想和期望，重新审视自己的人生。

2. 时间

40分钟。

3. 材料

带有九宫格的纸、笔。

4. 操作

（1）给每位小组成员发一张带有九宫格的纸，这是一幅描绘人生的九宫格。上面有9个格子。请每位成员思考一下自己已经经历过的生活以及以后对生活的想法。

（2）请各位成员按照先左后右的顺序，依次在每一个格子中用图画的方式将自己一生的生活画出来（可以给每个格子编上序号），画的内容不限定，可以是抽象的也可以是具体的，只要能体现想要表达的意思即可。

（3）画完后小组进行分享讨论。每位成员先请大家看看自己的"人生九宫格"，请大家猜猜都画的是什么？然后再给大家解释自己所画的内容和想表达的意思。

（4）每位成员的九宫格分享完后，请小组讨论：

1）从同伴的"人生九宫格"中你有什么感悟和发现？

2）看看你的"人生九宫格"中未来的部分，你现在做的哪些事能够帮助你实现这一目标？

3）你还需要做些什么才能更好地实现它？最后请成员在团体中进行分享。

（5）本活动不是考察绘画技能，因此团体领导者要鼓励大家敢于画自己想画的，丢下包袱；同时在讨论时，请各位成员不要评价绘画技能。

人生九宫格

1	2	3
8	9	4
7	6	5

注：画的顺序可以有变化，不一定要与所附图中示例一致。

二、头脑风暴

从现在开始，我怎样做？做什么？才能使自己将来更幸福？

1. 目的

通过同学们的共同努力，在有限的时间内找出让自己幸福的方法，而且一起分享其他同学的良好的提升幸福的方法，提高自己的幸福感。

2. 材料

纸、笔。

3. 操作

（1）每人发一张 A4 纸，5 分钟之内在纸上尽量多地写出让自己更幸福的方法。

（2）小组讨论看哪位同学的妙招多，互相交流，谈自己的感受。

（3）最后老师总结。

家庭作业：

每天记录下让自己可以感动的事，结果表明，哪怕每周有意识地记录一次令自己感动的事件，无论事大事小，参与试验的人员日常生活的满意度就能大大地提高。

【回顾与思考】

1. 什么是幸福？你在什么情况下最幸福？

2. 你这辈子最想要的幸福是什么？

3. 幸福是别人给予还是自己去争取？

4. 你是一个善于感受幸福的人吗？

5. 你如何才能幸福？为了自己的幸福今后应该怎么做？

【拓展训练】

总体幸福感测量

指导语：以下问卷涉及到您近期对生活的感受与看法，无好坏之分，根据自己的现实情况和切身体验回答，并请您仔细阅读每道题目，在相应的答案代码上打"√"即可。

姓名_____　性别_____　年龄_____　职业___　___　学校_____

在过去的一个月里：

*1. 你的总体感觉怎样？

（1）好极了　　　　　（2）精神很好　　　（3）精神不错

（4）精神时好时坏　　（5）精神不好　　　（6）精神很不好

2. 你是否为自己的神经质或"神经病"感到烦恼？

（1）极端烦恼　　　　（2）相当烦恼　　　（3）有些烦恼

（4）很少烦恼　　　　（5）一点也不烦恼

*3. 你是否一直牢牢地控制着自己的行为、思维、情感或感觉？

（1）绝对地　　　　　（2）大部分是的　　（3）一般来说是的

（4）控制得不太好　　（5）有些混乱　　　（6）非常混乱

4. 你是否由于悲哀、失去信心、失望或有许多麻烦而怀疑还有任何事情值得去做？

（1）极端怀疑　　　　（2）非常怀疑　　　（3）相当怀疑

（4）有些怀疑　　　　（5）略微怀疑　　　（6）一点也不怀疑

5. 你是否正在受到或曾经受到任何约束、刺激或压力?

(1) 相当多　　　　　(2) 不少　　　　　(3) 有些

(4) 不多　　　　　(5) 没有

*6. 你的生活是否幸福、满足或愉快?

(1) 非常幸福　　　　(2) 相当幸福　　　(3) 满足

(4) 略有些不满足　　(5) 非常不

*7. 你是否有理由怀疑自己曾经失去理智或对行为、谈话、思维或记忆失去控制?

(1) 一点也没有　　　(2) 只有一点点　　　(3) 不严重

(4) 有些严重　　　　(5) 非常严重

8. 你是否感到焦虑、担心或不安?

(1) 极端严重　　　　(2) 非常严重　　　　(3) 相当严重

(4) 有些　　　　　　(5) 很少　　　　　　(6) 无

*9. 你睡醒之后是否感到头脑清晰和精力充沛?

(1) 天天如此　　　　(2) 几乎天天　　　　(3) 相当频繁

(4) 不多　　　　　　(5) 很少　　　　　　(6) 无

10. 你是否因为疾病、身体的不适、疼痛或对患病的恐惧而烦恼?

(1) 所有的时间　　　(2) 大部分时间　　　(3) 很多时间

(4) 有时　　　　　　(5) 偶尔　　　　　　(6) 无

*11. 你每天的生活中是否充满了让你感兴趣的事情?

(1) 所有的时间　　　(2) 大部分时间　　　(3) 很多时间

(4) 有时　　　　　　(5) 偶尔　　　　　　(6) 无

12. 你是否感到沮丧和忧郁?

(1) 所有的时间　　　(2) 大部分时间　　　(3) 很多时间

(4) 有时　　　　　　(5) 偶尔　　　　　　(6) 无

*13. 你是否情绪稳定并能把握住自己?

(1) 所有的时间　　　(2) 大部分时间　　　(3) 很多时间

(4) 有时　　　　　　(5) 偶尔　　　　　　(6) 无

14. 你是否感到疲劳、过累、无力或筋疲力竭?

(1) 所有的时间　　　(2) 大部分时间　　　(3) 很多时间

(4) 有时　　　　　　(5) 偶尔　　　　　　(6) 无

*15. 你对自己健康关心或担忧的程度如何?

不关心　0　1　2　3　4　5　6　7　8　9　10　非常关心

*16. 你感到放松或紧张的程度如何?

松　弛 0　1　2　3　4　5　6　7　8　9　10　紧张

17. 你感觉自己的精力、精神和活力如何？

无精打采0　1　2　3　4　5　6　7　8　9　10　精力充沛

18. 你忧郁或快乐的程度如何？

非常忧郁0　1　2　3　4　5　6　7　8　9　10　非常快乐

记分：按选项 0~10 累积相加，其中带 * 的选项为反向题。全国常模得分男性为 75 分，女性为 71 分，得分越高，主观幸福感越强烈。

说明：总体幸福感量表（General Well-Being Schedule，Fazio，1977，GWB）是由美国国立统计中心制定，共 33 个题目。本量表采用国内段建华（1996）对该量表的修订版，即采用该量表的前 18 项对被试进行施测，单个项目得分与总分的相关在 0.48 和 0.78 之间，分量表与总表的相关为 0.56 和 0.88 之间，内部一致性系数在男性为 0.91，在女性为 0.95。

（摘自上海盖德焦虑障碍研究中心网站）

【推荐阅读】

1. 阅读《幸福的方法》. ［以］本—沙哈尔著. 汪冰，刘骏杰译. 北京：当代中国出版社，2011.

泰勒·本—沙哈尔博士用充满智慧的语言、科学实证的方法、自助成功的案例和巧妙创新的编排，把积极心理学应用到日常生活之中。当你开始用开放的心态阅读这本书时，你就会感到人生更充实，身心更统一，当然，你就会更幸福。

2. 观看哈佛幸福公开课 http：//v.163.com/special/positivepsychology/。

哈佛幸福公开课也叫作积极心理学，是哈佛大学选修人数最多的课程之一。课程内容是如何积极地对待生活，才能获得幸福。

参 考 文 献

［1］毕淑敏. 心灵七游戏［M］. 北京：北京十月文艺出版社，2014.

［2］曹瑞，李芳，张海霞. 从主观幸福感到心理幸福感、社会幸福感——积极心理学研究的新视角［J］. 天津市教科院学报，2013（5）.

［3］蔡敏. 青年恋爱心理学［M］. 北京：北京大学出版社，2013.

［4］陈红英. 新编大学生心理健康教程［M］. 武汉：武汉大学出版社，2010.

［5］陈宁，黄洪基. 走近 90 后的内心世界——对上海市 2283 名青少年的情感调查［J］. 中国青年研究，2010（3）.

［6］陈淑萍，刘琼珍. 大学生心理健康教育［M］. 北京：中国电力出版社，2013.

［7］陈斌，高正亮. 大学生自杀意念和暴力风险的影响机制［J］. 中国健康心理学杂志，2013（12）.

［8］丛媛. 大学生心理健康［M］. 北京：中国电力出版社，2011.

［9］邓丽芳，郑日昌. 大学生心理健康教育［M］. 北京：开明出版社，2012.

［10］方芳. 大学生恋爱观的历史嬗变［J］. 重庆科技学院学报（社会科学版），2014（3）.

［11］方鸿志，周方遒，隽美惠. 大学生恋爱心理现状及对策研究［J］. 辽宁师范大学学报（社会科学版），2013（9）.

［12］段建华. 主观幸福感研究概述［J］. 心理学动态，1996（41）.

［13］金源云，李国强. 大学生不良学习心理的类型及其矫治［J］. 教育探索，2012（7）.

［14］金乐. 当代大学生婚恋观问题研究［M］. 哈尔滨：黑龙江人民出版社，2010.

［15］焦卉，陈小建，陈丽. 我国近二十年来大学生学习心理的文献计量学分析［J］. 教育与职业，2013（17）.

［16］何仁富. 生命教育引论［M］. 北京：中国广播电视出版社，2010.

［17］黄华金. 大学生主观幸福感与宽恕心理的现状及关系研究［J］. 社会心理

科学，2009（2）.

[18] 贾晓明.大学生心理健康：走向和谐与适应（第2版）[M].北京：北京理工大学出版社，2010.

[19] 胡黄卿.女性学基础 [M].北京：化学工业出版社，2010.

[20] 胡凯.大学生心理健康理论与方法 [M].北京：人民出版社，2010.

[21] 雷雳，张钦，侯志谨.学习初中生的父母教养方式及其自我概念 [J].心理科学，2001（2）.

[22] 林崇德.发展心理学 [M].北京：人民教育出版社，2009.

[23] 林清香.大学生心理健康教育 [M].北京：清华大学出版社，2013.

[24] 刘莉，王美芳，邢晓沛.父母心理攻击：代际传递与配偶对代际传递的调节作用 [J].心理科学进展，2011，19（3）.

[25] 刘春雷，姜淑梅，孙崇勇.青少年咨询与辅导 [M].北京：清华大学出版社，2011.

[26] 刘靖华.大学生心理健康教育 [M].北京：中国电力出版社，2013.

[27] 刘欣.大学生心理健康教育教程 [M].南京：东南大学出版社，2012.

[28] 刘会贵，潘孝富.领导者的希望和自我效能感对其主观幸福感的影响 [J].心理学探新，2011（2）.

[29] 莫税英，廖剑.论大学生生命教育的价值及对策 [J].广西社会科学，2011（5）.

[30] 马兰花，曹继霞.大学生心理健康教育 [M].经济科学出版社，2010.

[31] [美] 马丁·塞利格曼（Martin E.P. Seligman）.赵昱鲲译.持续的幸福 [M].杭州：浙江人民出版社，2012.

[32] 倪坚.高职院校大学生心理健康教育 [M].北京：清华大学出版社，2011.

[33] 钱铭治，肖广兰.青少年心理健康水平、自我效能感与父母教养方式的相关研究 [J].心理科学，1998.

[34] 齐新艳，唐娣芬.大学生心理健康教育教程 [M].北京：北京大学出版社，2012.

[35] 莎伦·布雷姆（Sharon S.Brehm）等.爱情心理学（第3版）[M].北京：人民邮电出版社，2010.

[36] 孙耀胜.不良家庭环境对未成年人犯罪的影响 [J].学校党建与思想教育，2010（7）.

[37] 涂翠平，方晓义，刘钊.家庭环境类型与青少年亲子冲突解决的关系心理与行为研究 [J].心理与行为研究，2008.

[38] 吴薇莉，苏文明，王政书，章红，张琴. 大学生的家庭教育模式与大学生心理健康状况的关系研究——高校心理健康教育要重点关注大学生的家庭状况与成长经历 [J]. 高等教育研究，2008（4）.

[39] 武继素. 大学生心理健康教育指导教程 [M]. 北京：中国人民大学出版社，2013.

[40] 王晓虹. 生命教育论纲 [M]. 北京：知识产权出版社，2009.

[41] 吴奇程，袁元. 家庭教育学 [M]. 广州：广东高等教育出版社，2006.

[42] 王祖莉，勇健. 大学生心理健康教育（第三版）[M]. 北京：科学出版社，2013.

[43] 魏改然. 大学生心理健康教育 [M]. 北京：化学工业出版社，2010.

[44] 王小明. 学习心理学 [M]. 北京：中国轻工业出版社，2009.

[45] 汪元宏. 大学生心理健康教育新编 [M]. 南京：南京大学出版社，2012.

[46] 杨振斌，李焰. 中国大学生自杀现象探讨 [J]. 清华大学教育研究，2013（5）.

[47] 闫守轩，王亚静. 构筑三位一体的大学生自杀预防体系 [J]. 辽宁师范大学学报，2014（3）.

[48] 严标宾，郑雪. 大学生主观幸福感的影响因素研究 [J]. 华南师范大学学报（自然科学版），2003（2）.

[49] 邹玉龙. 大学生学习心理存在的问题及培养策略研究 [J]. 辽宁教育行政学院学报 [J]，2010（8）.

[50] 张田，傅宏. 大学生的恋爱宽恕：问卷编制与特点研究 [J]. 心理与行为研究，2014（2）.

[51] 张海燕. 大学生心理健康教程 [M]. 上海：格致出版社，2010.

[52] 张元洪，刘东江. 大学生心理健康教育概论 [M]. 哈尔滨：东北林业大学出版社，2012.

[53] 张雯，郑日昌. 大学生主观幸福感及其影响因素 [J]. 中国心理卫生杂志，2004（1）.

[54] 周莉，赵妍. 大学生心理健康教育 [M]. 北京：中国人民大学出版社，2010.

[55] 周家华，王金凤. 大学生心理健康教育（第3版）[M]. 北京：清华大学出版社，2010.

[56] 周刚柱，孙正明. 家庭环境与精神分裂症复发对照研究 [J]. 中国心理健康杂志，2005.

［57］朱翠英，胡义秋.积极心理素质教育干预：大学生心理健康与主观幸福感的实证研究［J］.湖南社会科学，2013（5）.

［58］中共北京市委教工委组织编写.大学生心理健康与自我成长［M］.北京：北京出版集团，2013.

［59］徐天民.中国性科学的历史发展［J］.中国性科学，2003（1）.